SOCIÉTÉ ARCHÉOLOGIQUE
DE RAMBOUILLET

Documents pour servir à l'histoire du département de Seine-et-Oise

XVIII

Se trouve à Paris, à la Librairie CHAMPION
9, *quai Voltaire*

ÉTUDE ARCHÉOLOGIQUE

SUR L'ABBAYE

DE NOTRE-DAME DES VAUX DE CERNAY

DE L'ORDRE DE CITEAUX ET DE L'ETROITE OBSERVANCE,

AU DIOCÈSE DE PARIS.

RÉSUMÉ HISTORIQUE ET DESCRIPTION DU MONASTÈRE

ACCOMPAGNÉS DE 50 PLANCHES AU TRAIT

PAR

L. MORIZE,

MEMBRE DES SOCIÉTÉS ARCHÉOLOGIQUES DE RAMBOUILLET ET DE TOURAINE,

PRÉCÉDÉS D'UNE INTRODUCTION AVEC 9 PLANCHES

PAR

LE COMTE A. DE DION

PRÉSIDENT DE LA SOCIÉTÉ ARCHÉOLOGIQUE DE RAMBOUILLET

TOURS
IMPRIMERIE DESLIS FRÈRES
6, RUE GAMBETTA, 6

1889

La crosse abbatiale reproduite ici est attribuée à saint Thibault de Marly, le plus illustre abbé des Vaux de Cernay, 1235-1247. Ce pieux abbé dirigeait aussi l'abbaye du Breuil-Benoit près de Dreux et les monastères de religieuses cisterciennes de Port-Royal près de Chevreuse, et du Trésor-Notre-Dame sur les bords de l'Epte, au diocèse de Rouen. On suppose que cette relique provient de cette dernière maison.

D'après le *Gallia christiania* et la France pontificale, l'abbaye du Trésor fut fondée en 1228 et son église consacrée en 1232. Très favorisée par saint Louis, elle n'eut une abbesse qu'après la mort de saint Thibault. La dernière abbesse fut Marie de Vissec de Latude, nommée en 1779, et qui, après la Révolution, se retira à l'abbaye aux Bois à Paris, où elle mourut en 1811.

Sans pouvoir garantir l'attribution de cette crosse à saint Thibault, nous l'avons trouvée assez plausible, et l'œuvre nous a paru assez intéressante pour demander à Mme la baronne Nathaniel de Rothschild qui la possède, l'autorisation de la faire reproduire.

La volute en ivoire représente le couronnement de la Vierge. Malheureusement cette scène est fortement endommagée. Le bâton en buis est couvert de sculptures à nombreux personnages figurant les événements de la vie de la sainte Vierge. Les anneaux de fer qui consolident la crosse sont une réparation moderne et remplacent peut-être des anneaux d'argent.

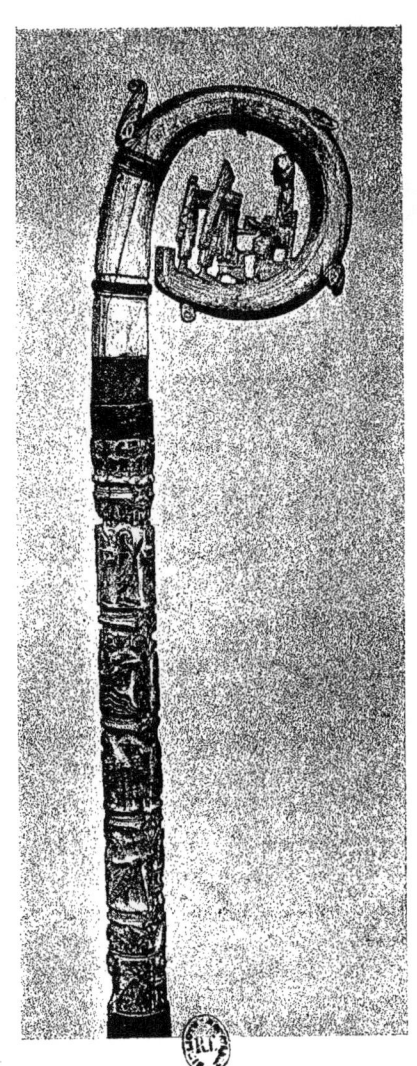

AVANT-PROPOS

Les ruines de l'abbaye cistercienne des Vaux de Cernay, bien connues des artistes et des archéologues, ont été reproduites dans tous les ouvrages illustrés sur les environs de Paris. Les meilleures gravures se trouvent dans le *Magasin pittoresque* qui leur a consacré deux articles en 1856 et en 1875. Un travail graphique sérieux a été exposé par M. Hérard, architecte, au Salon de 1852. Cette étude, composée de quatorze feuilles dessinées avec talent, n'a jamais été publiée ; les quatre feuilles principales sont conservées dans les archives de la Commission des Monuments historiques, avec une feuille dessinée par M. Simil. Un autre architecte, M. Abel Boudier, après avoir exposé plusieurs bons dessins au Salon de 1874, a fait graver par M. Guillaumot, en 1877, une grande vue de l'abbaye restituée ; le cuivre gravé décore, avec trois autres, Chevreuse, Dampierre et Port-Royal, la grande salle de la mairie de Chevreuse.

Le nom des Vaux de Cernay n'est pas moins connu, parmi les érudits que parmi les artistes, par l'important *Cartulaire* de cette abbaye, composé et annoté par MM. L. Merlet et A. Moutié et publié, en 1857, grâce à la générosité de M. le duc de Luynes, en trois beaux volumes in-4° accompagnés d'un atlas in-folio de sceaux.

Cette publication, précieuse pour l'histoire de la province, a fait connaître au loin la Société archéologique de Rambouillet au nom de laquelle elle a paru, et a valu à ses auteurs une médaille décernée par l'Académie des Inscriptions et Belles-Lettres au concours des Antiquités nationales de 1859. Mais, sauf une vue d'ensemble plus pittoresque qu'exacte, la partie archéologique n'y est pas représentée.

Elle mérite pourtant d'attirer l'attention. L'église, surtout, par ses chapelles rangées sur le transept, par son chevet carré, par ses piliers rectangulaires et les voûtes d'arête de sa grande nef, diffère de toutes les églises de la contrée, et se rapproche d'une manière frappante de l'architecture bourguignonne adoptée et propagée par l'Ordre de Cîteaux.

Les travaux récents qui ont fait de l'abbaye l'une des demeures les plus somptueuses des environs de Paris ont été loués comme ils le méritent par un écrivain distingué, M. Eyriès, qui a consacré aux Vaux de Cernay un chapitre dans le livre, intitulé : *Châteaux historiques de la France*. Plusieurs belles gravures à l'eau-forte, exécutées sous l'habile direction de M. Sadoux, représentent sous ses plus heureux aspects la nouvelle résidence de Mme la baronne Nathaniel de Rothschild.

Le présent volume n'a pas la prétention de faire concurrence à ce magnifique ouvrage ; c'est une étude archéologique sur un monastère qui a fait la plus vive impression sur notre enfance, que nous avons pu voir, mesurer et dessiner pendant de longues années avant les dernières transformations. Favorisé par des circonstances exceptionnelles nous avons pu relever à loisir un grand nombre de détails importants que l'on ne pourrait plus trouver aujourd'hui.

Les 50 planches qui suivent notre description compléteront et éclairciront utilement le texte. Elles ont été choisies parmi les 125 dessins de grand format qui ont été le résultat de nos recherches. Les feuilles nombreuses qui donnent tant de détails intéressants sur le cloître de l'époque de la Renaissance ont été dessinées par notre ami F. Bourbon, habile sculpteur et archéologue éclairé, mort en 1884. C'est grâce à l'intelligent et actif concours de ce regretté collègue que nous avons pu compléter notre travail sur l'abbaye des Vaux de Cernay. Nous avons cru devoir adopter le genre de dessin le plus simple, le trait sans ombre. Cette manière employée autrefois par des architectes renommés a pu tomber en désuétude, et d'un autre côté les procédés modernes de gravure ont atteint une telle perfection que nos modestes planches pourront paraître sèches et dépourvues d'attrait; nous avons tout sacrifié à la multiplicité et à l'exactitude des détails.

Les auteurs du Cartulaire ont, dans leur introduction, tracé le cadre d'une notice historique tirée principalement du *Gallia christiana* et renvoyant pour les détails aux chartes du recueil, seule base sûre pour une pareille étude. Sans vouloir l'entreprendre d'une manière complète, nous avons pensé devoir donner un résumé historique plus développé que ceux qui ont été publiés jusqu'à présent. Il sera utile aux personnes qui ne pourraient consulter

— x —

facilement le Cartulaire, mais ne dispensera nullement les hommes studieux qui voudraient approfondir ce sujet, de recourir au savant ouvrage de MM. Merlet et Moutié.

Le président de la Société archéologique de Rambouillet, M. le comte A. de Dion, qui suit depuis longtemps nos recherches avec un vif et très bienveillant intérêt, a consenti à faire précéder cette notice historique de quelques considérations sur la fondation de notre abbaye et sur le mouvement religieux du commencement du xiie siècle qui lui a donné naissance, ainsi qu'à plusieurs abbayes du comté de Montfort ; il y a joint aussi une étude sur les églises cisterciennes. Nous le prions de recevoir nos remerciements pour ses utiles conseils, ses intéressantes communications.

Mme la baronne Nathaniel de Rothschild, toujours empressée à favoriser les recherches qui ont l'histoire et les arts pour objet, est venue généreusement en aide à la Société archéologique de Rambouillet dont les modiques ressources n'auraient pu suffire à la publication de cette étude. Nous l'en remercions sincèrement. Dans une récente visite aux Vaux de Cernay, nous avons été heureux de reconnaître avec quel goût éclairé, quels soins intelligents, Mme la baronne Nathaniel de Rothschild a dirigé les travaux qui assureront pour un long avenir la conservation des ruines imposantes, un des principaux attraits de sa belle demeure.

L. MORIZE.

Luynes, 29 juillet 1889.

A PROPOS DE LA FONDATION

DE L'ABBAYE DE

N.-D. DES VAUX DE CERNAY

Notes servant d'introduction

A L'ÉTUDE ARCHÉOLOGIQUE DE CETTE ABBAYE

Par A. DE DION

M. Morize a joint à son étude archéologique sur l'abbaye des Vaux de Cernay un résumé historique des événements dont ce monastère fut le témoin, en rassemblant les faits épars dans le recueil des chartes publié en 1857 par MM. Merlet et Moutié. On me pardonnera d'y joindre quelques considérations plus générales sur la fondation de cette abbaye et sur le mouvement religieux qui, au commencement du xiie siècle, a amené dans nos environs l'établissement de plusieurs monastères.

Ce fut en 1118 que des moines de l'abbaye de Savigny en Avranchin vinrent s'établir dans une vallée de la forêt Iveline aux confins des diocèses de Paris et de Chartres. Ce domaine leur avait été donné par Simon, seigneur de Neaufle-le-Château, dans une partie détachée de sa châtellenie provenant de la dot de sa femme, Ève. Les auteurs du Cartulaire ont reproduit en fac-similé la notice originale, mais sans date, qui sert de charte de fondation. Le second acte du Cartulaire est la confirmation de cette fondation donnée en 1142 par le roi Louis VII, vingt-quatre ans plus tard. L'approbation de l'évêque diocésain se fit attendre encore quatorze ans. Elle fut donnée en 1156 par Thibaud, évêque de Paris (charte n° 13). Enfin quarante-cinq ans après sa fondation en 1103 l'abbaye fut mise par le pape Alexandre III sous la protection apostolique (*Charte*, n° 26).

On peut citer quelques monastères, comme Maubuisson, construits rapidement et dotés immédiatement par la munificence royale ou par celle d'un puissant feudataire; mais d'ordinaire les choses n'allaient ni aussi vite, ni aussi facilement. Beaucoup d'essais de fondations échouaient; certaines colonies monastiques erraient d'une localité à l'autre avant de se fixer; enfin souvent les difficultés du début ne permettaient de construire le monastère et l'église que vingt, quarante ou soixante ans après la fondation. On se contentait alors de constructions légères et d'une chapelle quelquefois provisoire, quelquefois très solidement construite mais de petite dimension comme la chapelle primitive de la Trinité de Vendôme qui subsiste près de la grande église. On ne s'étonnera pas de ces difficultés et de ces lenteurs en se rendant compte par les planches de M. Morize de l'importance des constructions de l'abbaye des Vaux de Cernay qui n'était pourtant pas de première grandeur.

Trois choses étaient indispensables pour la fondation d'un monastère: une colonie de moines zélés et dévoués, un terrain disponible et le concours des populations. Les abbayes les plus considérables, si elles laissaient leur ferveur monastique s'éteindre dans l'aisance d'une vie facile, n'étaient plus capables de fonder des colonies. Il fallait pour de telles entreprises des hommes assez austères et assez énergiques pour ne pas se laisser rebuter par les fatigues et les privations. En second lieu l'espace occupé par une abbaye étant considérable, il eût été trop dispendieux d'acheter des terres déjà mises en culture. Il fallait trouver des terres en friche mais capables d'être essartées. Les seigneurs châtelains qui se réservaient la propriété des forêts, des bruyères et des terres incultes, pouvaient seuls fournir l'emplacement nécessaire. Enfin sans le concours de la population, sans les dons des seigneurs et des propriétaires voisins le nouvel établissement n'eût pu que languir.

Pour notre abbaye, Savigny fournit les moines, Simon de Neaufle donna le terrain, et, comme le prouvent les nombreuses donations énumérées dans le Cartulaire, tous les voisins et même des seigneurs fort éloignés s'unirent pour mener à bien l'entreprise.

I. — Savigny. Chaque siècle de notre histoire a vu surgir des Ordres nouveaux et se fonder de nombreux monastères ; mais il n'en est pas où l'institution monastique se soit montrée plus féconde, et où son influence ait été plus considérable qu'à la fin du xie siècle et dans le cours du xiie. Au xie siècle on constate surtout la fondation de petits prieurés établis dans de petites villes ou près des châteaux forts et mis sous la dépendance d'une ancienne abbaye dont Cluny et Marmoutier étaient les principales. Nous pouvons citer dans nos environs et pour le règne de Philippe Ier, Saint-Saturnin de Chevreuse et la Trinité de Châteaufort donnés à l'abbaye de Bourgueil en Anjou ; le prieuré de Maule à celle de Saint-Évroult d'Ouche ; celui de Janville à Cluny ; Saint-Laurent de Montfort et Saint-Julien de Versailles, à l'abbaye de Saint-Magloire de Paris ; les prieurés de Houdan et de Meulan à l'abbaye de Coulomb. Les prieurés réunis à Marmoutier sont en plus grand nombre : Saint-Thomas d'Épernon, Notre-Dame de Maintenon, Saint-Martin de Breteucourt, Saint-Martin du Puiset, Saint-Georges de Basainville, Saint-Nicolas de Villepreux et plusieurs autres. Il faut dire que presque toujours ces fondations ne sont qu'une transformation de petits établissements antérieurs. Ainsi en 1052 Amauri de Montfort abandonne à Marmoutier la maison et l'église de Seincourt reçues en héritage de ses prédécesseurs et l'abbé Albert y installe le prieuré de Saint-Thomas d'Épernon. Ailleurs, comme au Puiset en 1075, le seigneur enlève l'église à des chanoines peu édifiants pour la donner à des moines. D'autres fois au contraire la dépendance d'une abbaye éloignée en était détachée pour former un établissement distinct. En 1078 Philippe Ier, du consentement des évêques éleva au rang d'abbaye la maison de Neaufle-le-Vieux qui dépendait de Saint-Mesmin d'Orléans.

Les fondations du xiie siècle ont un autre caractère. Ce ne sont pas, sauf quelques exceptions, de petits prieurés situés dans l'enceinte des châteaux ou destinés à assurer avec l'exercice du culte les services charitables et l'instruction de la jeunesse dans de petites villes ; ce sont des établissements plus considérables placés dans des endroits peu cultivés et devant devenir des centres agricoles et industriels en même temps que religieux. Ces fondations furent le produit du grand mouvement de réforme dans l'ordre monastique que l'on résume souvent par les noms de Citeaux et de saint Bernard. Mais si ces noms sont les plus célèbres, ils ne doivent pas faire oublier ceux de saint Norbert et de Prémontré, de saint Bruno, fondateur des Chartreux, de saint Étienne de Muret et des Grandmontains, de Robert d'Arbrissel et de Fontevrault, et aussi ceux du bienheureux Vital de Mortain et de la congrégation de Savigny. Tous concoururent à ce grand mouvement qui remua toute la société à cette époque, inspirèrent et dirigèrent cette fièvre monastique qui, de la France, se propagea dans les pays voisins.

Ce mouvement a été fort bien résumé par un historien presque contemporain, Robert, abbé du mont Saint-Michel, dans un court traité intitulé : *De immutatione ordinis monachorum* qui a été reproduit dans le XIV° volume des Historiens de la France, page 382, et dont voici quelques extraits.

Après avoir annoncé qu'il veut raconter comment s'est opéré le grand changement dans la vie monastique, il parle de la fondation de Molesmes puis de celles de Citeaux et de Clairvaux et des commencements des Chartreux et continue ainsi :

Dans ce temps vivaient trois amis qui fondèrent chacun un monastère célèbre : Bernard, d'abord abbé de Quincy en Poitou, Robert d'Arbrissel et l'ermite Vital qui avait été chapelain du comte de Mortagne. Bernard ne voulant pas soumettre son abbaye à l'ordre de Cluny, comme le désirait le pape Pascal, préféra l'abandonner et avec l'aide du vénérable Ives, évêque de Chartres, et de Rotrou, comte du Perche, il fonda dans la forêt de Tiron un monastère en l'honneur du Sauveur. Il recevait tous ceux qui se présentaient et chacun d'eux exerçait dans l'enceinte du monastère le métier qu'il avait pratiqué jusque-là.

Robert d'Arbrissel, dont la parole était entraînante, fonda le couvent de Fontevrault, où les religieuses suivaient sous Pétronille une règle d'une grande sévérité.

L'ermite Vital, excellent prédicateur, bâtit l'abbaye de Savigny sur les confins de la Normandie et de la Bretagne (1112), et donna à ses moines une règle nouvelle assez semblable à celle de Cîteaux. Il fut remplacé (1122) par Geofroy, originaire de Bayeux, moine de Cérisy, homme très instruit et très fervent, qui construisit beaucoup d'abbayes et augmenta la sévérité de la règle. Après l'abbé Evain qui vécut peu, vint (1138) le vénérable Serlon, d'abord moine de Cérisy comme Geofroy, mais que l'austérité de Savigny y avait attiré. Voyant que les abbayes qui en dépendaient se soumettaient difficilement à sa direction, il demanda au pape Eugène, et en obtint l'autorisation de se réunir avec toutes ces abbayes à l'ordre de Cîteaux (mars 1148). Peu après il se retira à Clairvaux (1153) et y mourut (1158).

Robert du Mont mentionne ensuite la réforme des chanoines de Saint-Augustin, la fondation de Saint-Victor de Paris et celle de Prémontré, et continue : Les abbés des grands monastères construits et dotés par les rois de France ou par les comtes du royaume, que l'abondance des richesses avait fait tomber dans le relâchement, rougirent de voir les Ordres nouveaux mener une vie plus austère, et soit de leur bon gré, soit par force et sous la pression des rois et des évêques, ils firent venir de Marmoutier, de Cluny ou du Bec des moines pour réformer leurs monastères. Ces abbayes renommées par leur régularité fournirent des abbés à un grand nombre de maisons d'une vie moins exacte.

Un autre auteur du xii⁰ siècle, *Gaufridus Grossus*, qui a écrit la vie de son maître, Bernard de Tiron, raconte qu'il se retira sur les confins du Maine et de la Bretagne dans un endroit désert où vivaient plusieurs saints ermites, dont les trois plus célèbres, Robert d'Arbrissel, Vital de Mortain et Raoul de Flagei ont formé avec lui les quatre angles de la pierre fondamentale de la réforme monastique. Il nous le montre après avoir quitté son titre d'abbé, tantôt ermite aux Iles Chaussey, puis à Savigny, tantôt à Rome obtenant du pape Pascal les pouvoirs pour prêcher en tous lieux, puis usant de cette permission poursuivre de ses reproches les clercs mariés et les curés simoniaques. Très curieux sont ses voyages à la recherche d'un endroit propre à bâtir un monastère. Rotrou, comte du Perche, lui avait donné près de Nogent un emplacement convenable ; mais Béatrix, mère du comte, qui protégeait le prieuré clunisien de Saint-Denis de Nogent-le-Rotrou, réclama contre ce voisinage et Bernard dut aller s'établir plus loin et bâtir à Tiron une église de bois dans laquelle il célébra pour la première fois la messe le jour de Pâques 1109.

L'auteur a soin de faire remarquer que dans le même temps Robert d'Arbrissel construisait Fontevrault ; Vital de Mortain, Savigny ; et Raoul de Flagei, Saint-Sulpice de Redon. M. Merlet a publié pour la Société archéologique d'Eure-et-Loir le cartulaire de Tiron. L'on y trouve d'abondants détails sur cette abbaye et sur les nombreux prieurés qui en relevaient. Nous devons une mention à celui de Saint-Épain d'Ablis, fondé vers 1115 par Gui-le-Jeune, comte de Rochefort, et qui se trouvait non loin de Rambouillet dans l'étendue du comté de Montfort.

Dans le même temps Robert d'Arbrissel, dont la vie n'avait pas été moins active et moins agitée que celle de Bernard de Tiron, établissait à deux lieues de Montfort dans la paroisse de Saint-Rémy-l'Honoré une colonie de religieuses venues de Fontevrault et qui fut nommée le prieuré de Haute-Bruyère. La fondatrice était la fameuse Bertrade de Montfort, comtesse d'Anjou, puis concubine de Philippe Ier, qui, après la mort de ce prince, se retira dans ce couvent et y fut enterrée. Quelques auteurs admettent qu'elle finit par être reconnue reine ; et en effet elle prend ce titre sur son sceau et dans des actes où figure le roi Louis VI qui fut si longtemps son ennemi. Le monastère fut construit dans une bruyère formant un promontoire limité par un ravin, et faisant partie des bois de la châtellenie de Montfort. On y joignit à l'entour un domaine important d'un seul tenant, pris par conséquent dans un terrain non partagé par la culture (1). Cette maison fut très favorisée des comtes de Montfort et renfermait les tombeaux de plusieurs d'entre eux.

Ce fut donc en 1112 que le bienheureux Vital fonda l'abbaye de Savigny

(1) Ces fermes dont l'étendue n'a pas dû varier depuis le XIIe siècle et dont on possède de nombreux baux pourraient fournir le sujet d'une étude sur le rendement des terres à différentes époques.

entre Mortain et Fougères au diocèse d'Avranches. Le 9 septembre 1119 le pape Calixte II, se trouvant à Angers, prit cette maison sous sa protection par une lettre adressée à Turgis, évêque d'Avranches, à Hildebert, évêque du Mans, dont le diocèse était limitrophe, à Etienne de Blois, comte de Mortain, et aux seigneurs des châteaux de Fougères, Mayenne et Saint-Hilaire (1).

L'abbaye mère à peine formée avait déjà envoyé des colonies aux Vaux de Cernay, à Bolbec et dans d'autres localités. Trente ans après sa fondation, trente-trois monastères en étaient sortis. On peut juger de la considération dont jouissait cette congrégation par une lettre de saint Bernard adressée en 1131 aux évêques de Limoges, Poitiers, Périgueux et Saintes pour plaider la cause d'Innocent II contre Anaclet son compétiteur au trône pontifical. Il fait valoir qu'avec les Cisterciens et les Chartreux, Cluny et Marmoutier, Cadouin et Tiron, les moines de Savigny se sont déclarés en faveur d'Innocent (2).

Savigny était donc un des foyers de la réforme qui étendait son action des cloîtres au clergé régulier et à toute la chrétienté. Son union avec Cîteaux devint bientôt plus intime. L'abbé Serlon comme nous l'avons dit plus haut, voyant qu'il ne pouvait surveiller efficacement les abbayes filles de Savigny, dont quelques-unes, surtout celles d'Angleterre, tendaient à l'indépendance, résolut de les réunir toutes à la congrégation dirigée par saint Bernard et qui possédait seule une organisation puissante et régulière capable de rétablir l'ordre là où des abus se seraient produits. Ce fut au concile de Reims, en mars 1248, que le pape Eugène III consacra cette réunion préparée depuis quelques années. Ce ne fut pas d'ailleurs un fait isolé. Des abbayes, les unes anciennes, les autres en voie de formation, voulurent, pour garantir la perpétuité de leur régularité, se mettre sous la forte direction de l'ordre de Cîteaux. S'il est vrai en général que Cluny et Marmoutier s'augmentaient par aggrégation et Cîteaux par essaimage, il faut reconnaître que le succès prodigieux de cette dernière congrégation fut dû à ce qu'elle trouva des éléments tout préparés par des essais partiels

(1) *Historiens de France*. XV, 322.
(2) *Historiens de France*, XV, 556.

de réforme monastique, qui presque tous vinrent se fondre comme Savigny dans l'œuvre de saint Bernard.

Les ordres réformés avaient pour caractère commun, outre une plus grande austérité de vie, la prédominance du travail manuel sur la culture littéraire dont l'abus avait amené le relâchement dans les grandes abbayes, et aussi le retranchement dans l'architecture de toute ornementation superflue. Ils laissaient aux universités le vers latin trop souvent employé à des sujets profanes comme dans les poésies de Baudry, abbé de Bourgueil. Ils laissaient de même aux cathédrales et aux églises des riches paroisses les sculptures multipliées, les peintures brillantes, les vitraux étincelants, pour se renfermer dans la modestie qui convient à des moines. Mais en s'éloignant des artistes et des littérateurs ils se rapprochaient des artisans et des laboureurs par la culture de la terre et la pratique de plusieurs industries. Chacune des nouvelles abbayes était une ferme modèle et souvent de petites usines s'y trouvaient jointes.

Ce sont ces services économiques, cette utilité sociale multiple qui expliquent le grand nombre des monastères et la faveur dont ils jouirent au XIIe et XIIIe siècles. Pour ne parler que de nos environs, à peu près en même temps que l'on construisait les Vaux de Cernay, s'élevaient à une faible distance l'abbaye de Clairefontaine de l'ordre de saint Augustin et dans la même vallée le monastère de religieuses de Saint-Rémy des Landes, succédant à une communauté plus ancienne. Un peu plus tard, en 1145 et 1163, les prieurés des Moulineaux et de Louye firent connaître dans notre pays l'ordre de Grandmont fondé dans le diocèse de Limoges en 1076 par saint Étienne de Muret. L'ordre de Prémontré, qui date de 1122, produisit Abbecourt en 1190, Grandchamp en 1199, et Joyenval en 1224. Il faut aussi mentionner la petite abbaye de Notre-Dame de la Roche en 1190 et celle beaucoup plus célèbre de Port-Royal fondée en 1214 sous la dépendance des Vaux de Cernay.

II. — L'origine de la famille des châtelains de Neaufle est fort obscure comme celle de presque toutes les familles féodales. Si l'on peut retrouver les limites de la châtellenie de Neaufle comme de celles qui l'entouraient, Montfort, Maule, Villepreux, Châteaufort, Chevreuse et Maurepas, parce que ce sont des divisions administratives qui ont persisté longtemps, on ne peut que conjecturer l'étendue des possessions des familles puissantes qui se partageaient la contrée. Leurs limites variaient sans cesse par des héritages, des alliances et des partages. Les rares documents de l'histoire du xie siècle nous renseignent encore moins sur les liens de parenté qui unissaient entre elles ces familles.

En 1052 Albert de Cravant ayant donné à l'abbaye de Coulomb l'église Saint-Hilaire de Blaru, ce don est successivement approuvé par Pierre de Blaru, fils d'Oudart de Vernon, par son seigneur Amauri de Versailles, et et par le seigneur de celui-ci, Simon de Neaufle. En 1064 Geofroy de Gomets, qui était au moins en partie seigneur de Versailles, fonda dans sa terre de Basainville, le prieuré de Saint-Georges dépendant de Marmoutier du consentement de ses seigneurs Milon et Gui de Chevreuse. Il nomme son épouse Ermengarde, nommée ailleurs la vicomtesse Ermengarde, et ses fils, Simon, Amaury et Geofroy. En 1098 nous trouvons l'héritage de ce Geofroy de Gomets entre les mains d'un second Simon de Neaufle. Celui-ci était frère d'André, moine de Marmoutier, et d'Helgaud (Hilgodus), évêque de Soissons de 1084 à 1088, puis retiré à Marmoutier dont il fut abbé jusqu'à sa mort en 1104. Ordéric Vital nous apprend que Simon de Neaufle, qu'il nomme le Vieux parce qu'il écrivait du vivant de son fils du même nom, fondateur de notre abbaye, défendit avec succès son château contre une attaque faite en 1097 par Guillaume le Roux, roi d'Angleterre. Quelques années auparavant Philippe Ier confirmant à Mantes la fondation faite par Guillaume Rufin du prieuré Saint-Gilles de cette ville, l'acte nomme parmi les témoins Simon de Neaufle, assis aux pieds du roi, et Raoul Mauvoisin qui aida Archambaud, moine de Marmoutier, à tenir le parchemin pendant que le roi y traçait le signe de la croix pour constater son approbation.

Le fondateur de l'abbaye des Vaux de Cernay, que l'on peut nommer Simon III, était donc un baron du royaume tenant son fief du roi et admis parmi ses familiers. Une tradition constatée par l'inscription mise sur sa tombe au xv° siècle en fait un connétable de France ; mais elle n'est justifiée par aucun titre authentique, et selon la remarque de M. Moutié, la liste des connétables sous Louis VI est trop bien connue pour que l'on puisse l'y intercaler. Outre sa châtellenie il possédait le fief de Blaru près Vernon, la terre de l'Étang près Marly et plus au sud, au-delà de la châtellenie de Maurepas, le fief de Cernay, dot de sa femme Ève. Le cartulaire des Vaux de Cernay donne de nombreux détails sur sa postérité qui s'éteignit au milieu du xiii° siècle. Quant aux motifs qui portèrent Simon de Neaufle à fonder un monastère et à le confier à des moines de Savigny, on ne peut que conjecturer qu'il était lié par le sang ou par l'amitié à Artaud, chargé par l'abbé Vital de diriger le nouvel établissement.

III. — La colonie de moines de Savigny mise en possession du domaine donné par Simon de Neaufle, il s'agissait de construire le monastère et l'église. Une telle entreprise demandait du temps, un long travail, et beaucoup d'argent pour payer les matériaux et les ouvriers. Ce ne fut donc que peu à peu, à mesure des ressources fournies par la générosité publique que les moines purent substituer à une installation provisoire les vastes et beaux bâtiments représentés dans les planches de M. Morize. On peut juger en les étudiant de l'importance de l'entreprise et des grandes dépenses qu'il fallut faire pour la mener à bien. Nous avons vu que la fondation ne reçut l'approbation royale qu'en 1142. Si les donations qui y sont énumérées constituaient une première dotation du monastère, elles ne fournissaient pas les fonds nécessaires à sa construction. Dans un acte dont la date flotte entre 1142 et 1151, Suger, abbé de Saint-Denis, fait un don aux *pauvres moines de Cernay*. Mais à partir de cette époque les dons affluèrent de tous côtés et l'on put commencer la construction de l'église et des grands bâtiments qui se continua pendant un siècle. Saint Thibaud de Marly, mort en 1247, y mit la dernière main en élevant le grand dortoir.

On trouvera plus loin le relevé des biens de l'abbaye provenant d'une foule de donations particelles de terres, de dimes et de rentes. Ils étaient disséminés dans la plus grande partie de Seine-et-Oise, autour de Paris et dans quelques départements voisins. Nous ne pouvons songer à donner la liste des donateurs à la générosité desquels l'abbaye dut sa richesse ; il faudrait pour cela analyser les cinq cents chartes comprises entre 1150 à 1250 que renferme le premier volume du cartulaire. On y trouve après les châtelains de Neaufle et leurs vassaux, les seigneurs de Montmorency, de Marly, de Chevreuse et de Montfort et une centaine d'autres plus ou moins riches et plus ou moins puissants. Nous y voyons la preuve que le succès d'une nouvelle abbaye dépendait surtout de l'influence qu'elle pouvait acquérir sur les populations par ses vertus et par les services qu'elle rendait. Parmi ces services on doit remarquer l'hospice pour les pauvres joint au monastère dès l'origine.

Pour mettre de l'ordre dans l'exploitation de biens aussi divisés et disséminés, les moines s'attachaient à les grouper autour de granges ou métairies. Les unes touchaient au monastère, d'autres étaient plus éloignées comme celle d'Ite près Pontchartrain dont dépendait trois cents arpents et celle des Ebisoirs à Plaisir ; quelques annexes étaient situées au loin près Vernon ou dans la Beauce. Dès la fin du xıı° siècle l'abbaye était assez riche pour régulariser ses cultures par des échanges ou les compléter par des achats.

ÉTUDE

SUR LES

ÉGLISES DE L'ORDRE DE CITEAUX

Par A. DE DION

L'archéologue accoutumé à étudier les monuments religieux des environs de Paris est frappé dès l'abord du caractère particulier qu'offrent les ruines de l'église des Vaux de Cernay. Les piliers remplacent les colonnes ; les voûtes d'arête sans nervures mais séparées par des arcs doubleaux couvrent les bas-côtés, et couvraient autrefois la grande nef ; sur le transept ou nef transversale (1) s'ouvrait un chœur rectangulaire peu profond et de chaque côté deux chapelles en abside. Partout une belle construction d'une grande sobriété ; des ouvertures simples et étroites ; pas de chapiteaux, pas de sculptures ; le portail avec la belle rose qui le surmonte font seuls exception à cette sévérité. Pour trouver une architecture semblable il faut aller chercher d'autres églises de l'ordre de Citeaux. Cette église en effet et les bâtiments qui l'accompagnent, reproduits avec tant de précision par M. Morize, peuvent être donnés comme un bon exemple d'une abbaye cistercienne de la fin du xiie siècle.

Si ce monastère fut fondé en 1118 par des moines venus de Savigny, il fut réuni à l'ordre de Citeaux en mars 1148. La confirmation royale n'était

---

(1) Si j'osais je proposerais de dire la *transnef*; cette partie de l'église était une nef mise en travers de la principale.

antérieure que de six ans à cette réunion et celle de l'évêque diocésain n'eut lieu que huit ans après en 1156. La première bulle en sa faveur, sans laquelle son existence eût été précaire, ne fut octroyée qu'en 1163 par le pape Alexandre III, alors de passage à Paris. Ce fut sans doute à partir de ce moment que l'on se mit à l'œuvre pour remplacer par une grande église la modeste chapelle qui avait suffi jusque-là aux *pauvres moines de Cernay*. La seule date que nous connaissions est la consécration de l'autel Saint-Jacques et Saint-Philippe faite en 1174 par Saint Pierre, évêque de Tarentaise, légat du pape. On peut en conclure que le chœur et les quatre absides qui l'accompagnent étaient alors construits avec la nef transversale.

A Savigny, fondé en 1112, l'église primitive fut terminée en 1124 ; mais en 1175 l'abbé Josse jeta pour la remplacer les fondements d'un plus vaste monument qui ne fut consacré qu'en 1200. Au Breuil-Benoit, fondé en 1137, l'église est du règne de Philippe-Auguste et fut dédiée en 1224. On pourrait multiplier les exemples d'églises construites longtemps après la formation du monastère.

Quelques archéologues refusent aux Cisterciens une architecture particulière. Ils citent d'assez nombreuses variations dans les plans d'églises de cet ordre, et signalent l'influence exercée sur leur construction par les habitudes du pays où elles se trouvent. Ils exigent une architecture nouvelle, créée de toutes pièces par un homme ou une assemblée, décrétant un code de construction et un canon de mesures. L'école cistercienne, comme toutes les écoles d'architecture, est la résultante d'influences diverses, de traditions, d'habitudes, d'efforts faits pour satisfaire, par les moyens habituels de construction, à des besoins particuliers ou à des prescriptions monastiques. C'est ce qui rend les recherches de ce genre si difficiles à résumer.

La comparaison avec un ordre postérieur de cinq siècles fera mieux comprendre comment se forme une école monastique d'architecture. Lors du Congrès archéologique tenu à Montbrison en 1885, si chacun s'est senti dans une église cistercienne en entrant dans celle de l'abbaye de la Bénisson-Dieu, deux jours après on a reconnu de suite une église de Jésuites dans la chapelle du Lycée de Roanne. M. Henri Bouchot a publié dans la Bibliothèque de l'école des chartes de 1886 une excellente notice sur le Père Martellange, jésuite qui construisit cette église en 1618 ainsi que beaucoup d'autres et mourut en 1647. On y voit que chacun de ses plans était envoyé à Rome et discuté dans le Conseil général. Pas plus que l'ordre de Saint-Bernard, celui de Saint-Ignace ne prétendait créer une architecture nouvelle. Les membres du Conseil croyaient faire du classique; mais en limitant l'initiative de leurs architectes, en répétant certains détails qui leur plaisaient, ils ont créé, sans s'en douter, le style jésuite.

Il a dû en être de même au XII° siècle. Saint Bernard eût été fort étonné si on lui eût dit qu'il créait un art nouveau. Il ne songeait qu'à choisir pour modèle les églises les plus simples, les moins ornées parmi celles que l'on construisait alors en Bourgogne. Mais comme les architectes et les contre-maîtres étaient presque toujours des frères; comme en 1135 saint Bernard envoya Achard, maître des novices de Clairvaux, inspecter les constructions des monastères français et allemands; comme le chapitre général continua à surveiller et à diriger chaque monastère; il se forma rapidement une tradition qui donna un caractère uniforme à toutes ces constructions.

Le problème se complique de ce que les autres ordres réformés qui s'inspiraient de la même idée de simplicité et d'austérité, la traduisirent souvent par des formes analogues. Pour ne citer qu'un point, mais des plus caractéristiques, aucun d'eux n'imita les massifs clochers aux puissantes sonneries des abbayes clunisiennes. Tous se contentèrent de flèches de charpentes et de cloches de moyenne grosseur.

Un seul de ces ordres, celui de Grandmont, paraît avoir été plus loin dans la réglementation et avoir, pendant un siècle que dura son expansion, construit toutes ses chapelles sur le même modèle (1).

Nous ne pouvons songer à propos de l'ouvrage de M. Morize sur l'abbaye des Vaux de Cernay, à entreprendre d'éclaircir les origines et de raconter le développement de l'architecture cistercienne. Ce serait le sujet d'un ouvrage qui dépasse nos forces. Nous ne voulons qu'essayer une classification

(1) Voir des notes sur les monastères Grandmontains publiées par M. Guibert et par moi dans le *Bulletin monumental*, 1874, p. 566; 1876, p 246 et 310; 1877, p. 633 et 663; 1878, p. 129 et 137.

des églises de cet ordre en donnant des détails sur quelques-unes d'entre elles. Ce sera un point de départ pour qui voudra en faire une étude plus complète.

Un chœur carré terminé par un chevet plat percé de trois fenêtres rangées caractérise ordinairement les églises bernardines. Cependant cette règle n'est pas générale et nous allons commencer par étudier trois types qui s'en écartent et se terminent par des absides.

I. — Dans le premier comprenant quelques grandes églises le chœur se termine par un rond-point, porté sur six ou huit colonnes rondes, entouré d'un bas-côté circulaire et d'une couronne de chapelles ordinairement carrées. Quatre chapelles carrées s'ouvrent en outre sur un transept ou transnef très saillant. La nef accompagnée de collatéraux a de six à dix travées selon l'importance du monument. Les églises de Clairvaux et de Pontigny dont M. Viollet-le-Duc a donné des plans sommaires (*Dict.*, I, 267, 272) en sont le modèle. Ce plan a été copié pour quelques grandes églises cisterciennes construites pendant le règne de Philippe-Auguste : Cherlieu au diocèse de Besançon (1) ; Savigny en Avranchin, dont nous allons parler ; Longpont consacrée en 1227 (2). L'église de Heisterbach, au diocèse de Cologne, quoique commencée en 1202 et consacrée en 1237 est de style roman ; elle reproduit moins fidèlement le plan de Clairvaux (3). Nous ignorons la superficie de la grande église de Clairvaux ; mais Longpont couvre plus de 4,000 mètres de superficie ; Cherlieu, 3,400 ; Pontigny, 3,000 ; Savigny, 2,600 ; Heisterbach, 2,000. Ce sont donc de grandes églises. Celle de l'abbaye du Breuil-Benoit au diocèse d'Évreux, non loin de Dreux, est de moindre proportion, ne couvrant que 1,100 mètres.

A Longpont, Cherlieu, Savigny et probablement à Clairvaux la nef avec ses collatéraux a 80 pieds, soit 26 mètres entre les deux murs ; au Breuil-

---

(1) Notices de Mgr Besson, 1847, et de l'abbé Chatelet, 1885, avec plans.
(2) Voir ce plan : Fleury, *Monuments de l'Aisne*, III, 462. Le Congrès archéologique a visité les ruines de cette église en 1887.
(3) Förster, *Architecture en Allemagne*, I, 107.

Benoit cette largeur n'est que de 48 pieds, 15ᵐ,40. La nef transversale n'a que 24 mètres de longueur dans œuvre au lieu de 48 à 54 mètres.

Clairvaux, Pontigny, Savigny et Heisterbach ont un rond-point de huit colonnes avec neuf chapelles s'ouvrant sur le déambulatoire ; à Longpont, Cherlieu et au Breuil-Benoît il y a six colonnes et sept chapelles. A Longpont les chapelles sont en abside ; à Pontigny elles sont hexagones mais renfermées dans un mur continu ; à Heisterbach ce ne sont plus que des niches ménagées dans un mur circulaire ; partout ailleurs le rond-point forme un polygone à nombreux côtés sans contreforts en saillie ; ceux qui butent la grande voûte étant portés sur les murs séparatifs des chapelles.

Nous donnons les plans des églises des deux abbayes de Savigny et de Breuil-Benoît (pl. A et B), dont l'une est la mère, l'autre la fille des Vaux de Cernay. Nous regrettons de ne pouvoir leur consacrer qu'une étude fort incomplète. Il serait très intéressant de comparer non seulement les plans, mais encore les détails de ces deux églises.

La première église de Savigny, dédiée en 1124, fut, comme nous l'avons dit, remplacée par une autre, sur le plan de l'église de Clairvaux commencée en 1175 et dédiée le 15 août 1200. Il en reste des parties importantes utilisées dans l'église paroissiale de Savigny-le-Vieux. M. l'abbé Lemesle, curé de cette paroisse depuis de longues années, a reçu en 1869 une médaille de la Société française d'archéologie pour le soin et le talent avec lequel il avait restauré les parties anciennes de son église. C'est à lui que l'on doit l'ancien plan reproduit ici (Pl. A).

Les notes jointes au plan donnent à cette église 247 pieds de longueur dans œuvre (80ᵐ,30), 150 pieds de largeur à la nef transversale (48ᵐ,75), et 80 pieds à la nef (26 mètres). Cette nef était courte n'ayant que six travées, mais la plus large des églises de la région. En effet, la nef du mont Saint-Michel n'a, avec ses collatéraux, que 17 mètres entre les murs ; celles de Cérisy, Saint-Étienne de Caen et de la cathédrale de Coutances (avant l'adjonction des chapelles), 21 mètres ; à la cathédrale de Bayeux, elles ont 23 mètres ; enfin 24 dans la cathédrale du Mans.

Dix grosses colonnes cylindriques surmontées d'arcades en tiers point supportaient les murs de la haute nef et les voûtes en croisées d'ogive hautes de 22 mètres. Quatre gros piliers formés d'un faisceau de colonnettes portaient la croisée centrale occupée par le chœur et les stalles des religieux, et au-dessus de laquelle s'élevait un clocher en charpente. Sur la transnef s'ouvraient le chœur qui n'avait qu'une travée avant le rond-point, le péribole qui l'entourait, et deux chapelles carrées de chaque côté. Le rond-point était formé de huit colonnes d'une seule pièce d'un mètre de diamètre sur 11 pieds (3^m,60) de hauteur. Elles étaient surmontées de beaux chapiteaux et d'arcades ogivales surhaussées. Neuf chapelles carrées s'ouvraient sur le péribole ou collatéral circulaire et leur ensemble formait à l'extérieur la moitié d'un polygone à seize côtés. Toutes les fenêtres étaient en lancette, simples et étroites. Quelques-unes avaient 0^m,80 de large pour une hauteur de 5 mètres. Deux grandes ouvertures circulaires de 6 mètres de diamètre éclairaient les deux extrémités de la nef transversale.

Les ruines de l'église abbatiale de Breuil-Benoit appartiennent à M. le comte de Reiset qui, en 1854, en a fait réparer à grands frais la nef pour la conserver au culte. J'ai pu en lever un plan sommaire dans la visite que la Société française d'archéologie a faite, le 8 juillet 1889, au château du Breuil, à la suite du Congrès d'Evreux, et où elle a été si gracieusement reçue par son savant propriétaire.

Une colonie de moines des Vaux de Cernay fonda cette abbaye en 1137. Les deux monastères conservèrent toujours de fréquents rapports. Au XIIIe siècle, saint Thibaud de Marly les dirigeait tous les deux. L'église que nous voyons ne fut dédiée que dans l'octave de l'Ascension 1224. Son plan est une réduction de celui de Savigny et son style dit assez qu'elle date du règne de Philippe-Auguste. Les colonnes rondes sont comme dans la cathédrale de Chartres, cantonnées de quatre colonnettes octogones. Au-dessus d'archivoltes ogivales fort simples, s'élève un mur nu percé de fenêtres en lancette. Les voûtes sont sur croisées d'ogive. Toute cette partie est entretenue avec beaucoup de soin (Pl. B).

La transnef complètement ruinée, avait 24 mètres dans œuvre. Dans la partie qui déborde la nef s'ouvrait une fenêtre étroite et fort haute.

Il est à croire que comme à Savigny de grandes roses ajouraient les pignons.

Il reste encore du rond-point six colonnes surmontées de chapiteaux à grosses feuilles et d'arcades ogivales très surhaussées. Une colonnette, placée sur la saillie de chaque chapiteau, allait porter la haute voûte maintenant disparue. Les voûtes du collatéral sur croisées d'ogive, sont également, presque complètement détruites ainsi que les voûtes *d'arête sans nervures*, qui couvraient les sept chapelles rectangulaires et peu profondes. A l'extérieur le mur qui enclôt les chapelles forme la moitié d'un polygone de vingt côtés.

II. — Dans le second type il n'y a plus de rond-point, mais un chœur peu profond terminé par une simple abside et accompagné de chapelles rangées sur la nef transversale. Nous aurions aimé à donner comme exemple l'église de Maubuisson ; mais le *Dictionnaire* de Viollet-le-Duc rend, d'une manière si sommaire, le plan de M. Hérard que nous n'osons le reproduire et nous le remplacerons par ceux des églises de Thoronet dans le Var et d'Obasine dans la Corrèze.

M. Rostan a publié, dans le *Bulletin monumental* de 1852, une remarquable étude sur l'abbaye de Thoronet et sur deux autres du même ordre dans le Midi, Silvacane et Senauque. Il y signale l'architecture cistercienne, *austère, nue, glaciale, rejetant le luxe d'ornementation des églises de la contrée*. La façade est un mur plat, sans contreforts, percé de deux fenêtres romanes et d'un oculus. La nef n'a que trois travées. Elle est couverte d'un berceau ogival buté par les voûtes des collatéraux dont le berceau forme un quart de cercle comme dans plusieurs églises de la contrée. Le chœur peu profond se termine par une abside voûtée en cul de four et ajourée de trois fenêtres. De chaque côté, deux petites chapelles s'ouvrent sur la transnef ; mais leur abside est ménagée dans l'épaisseur du mur qui reste droit à l'extérieur. Toutes les archivoltes sont en ogive, mais les ouvertures sont en plein cintre. La surface couverte par l'église, est d'environ 1,100 mètres carrés comme au Breuil-Benoît. Nous en avons pris le plan (planche C) dans les *Archives des monuments historiques*.

Le plan d'Obasine est tiré du *Dictionnaire* de Viollet-le-Duc (IX, 225). La nef et la transnef sont voûtées en berceau, avec arcs doubleaux entre les travées ; les bas-côtés sont couverts de voûtes d'arête. Sur la nef transversale de 37 mètres de long, s'ouvrent le chœur terminé par une abside à trois pans, et six chapelles carrées. Une coupole surmontée d'un clocher octogone couvre la croisée.

III. — Le troisième type ne comprendra que l'église de Fontaine-Guérard, fondée près Rouen en 1198. Selon M. Renault (*Bull. mon.*, XXVIII, 245), c'est un rectangle de 30 mètres de long sur 10 de large terminé par une abside ronde ajourée de trois fenêtres ogivales. Les voûtes à arceaux croisés, retombent sur des colonnes placées le long des murs. Si l'on s'étonne de n'y trouver ni nef transversale, ni chapelles accessoires, il faut penser que c'était une abbaye de filles pour lesquelles un autel suffisait. Leur multiplication dans les abbayes d'hommes, tenait au grand nombre de prêtres, qui devaient dire leur messe en même temps. Nous verrons la même absence de chapelles à Port-Royal (pl. E) et dans d'autres églises de Bernardines. L'église de l'abbaye du Trésor, fondée au xiiie siècle, sous la dépendance des Vaux de Cernay, paraît avoir été bâtie sur ce plan.

IV. — Dans toutes les autres églises de l'ordre de Saint-Bernard le chœur se termine par un chevet droit, le plus souvent percé de trois fenêtres rangées et surmontées d'un oculus. Dans plusieurs de ces églises ce chevet a été remanié et ajouré d'une seule grande fenêtre à meneaux.

Dans les églises qui forment le quatrième type le chœur carré est enclos dans un bas-côté de même forme sur lequel s'ouvrent de nombreuses chapelles, ontre les quatre rangées sur la nef traversale. Ce plan comme ceux du type de Clairvaux donne avec le maître-autel quatorze autels. C'est celui de l'église de Citeaux, de celle de l'abbaye d'Orval dans les Ardennes, et de celles d'Ebracht et de Ridagshausen en Allemagne. C'est celui que donne Villard de Honnecourt au folio 14 de son album en écrivant à coté : *Vesci une glise d'esquarie Ki fu regardée à faire en l'ordène de Cistiaux.* Voici une église d'équerre qui fut projetée pour l'ordre de Cîteaux.

V. — Le plan de l'église de Cîteaux avec son bas-côté autour d'un chœur carré et ses nombreuses chapelles ne pouvait convenir, ainsi que celui de Clairvaux qu'à de vastes monastères. Il en fallait un autre moins dispendieux et plus facile à construire pour ceux de moyenne importance. Il fut fourni par l'église de Fontenay-lèz-Montbard. Ce type fort bien étudié par M. Viollet-le-Duc (*Dict.*, I, 179, 274, etc.) fut, suivant M. de Montalembert, adopté dans cent cinquante églises qui subsistent encore en tout ou en partie. Sur une nef traversale fort longue s'ouvre un chœur carré peu profond accompagné de chaque côté de deux chapelles de même forme moitié moins larges et moins profondes que lui ; les piliers de la nef sont en général en forme de croix et n'ont pas de chapiteaux ; les archivoltes et toutes les fenêtres sont en lancette et fort simples. C'est là le plan cistercien par excellence.

Il y aurait des subdivisions à établir dans cette nombreuse famille de monuments, surtout d'après la disposition des voûtes. A Fontenay la nef est couverte d'un berceau ogival porté par les arcades de la nef sans triforium ni fenêtres supérieures. Pour le buter un mur transversal percé d'une arcade sépare chaque travée des bas-côtés qui est couverte d'un berceau également transversal à la nef (1). A Thoronet et à Silvacane le berceau de la nef est buté par un berceau en quart de cercle sur les bas-côtés. Ailleurs les bas-côtés ont des voûtes d'arête. Dans d'autres églises la nef comme les collatéraux sont couverts de voûtes sur croisées d'ogives. L'église des Vaux de Cernay se distingue par ses voûtes d'arête sur la grande nef et par les chapelles en abside qui accompagnent son chœur carré. Il faudrait pouvoir étudier un grand nombres de ces plans pour établir des distinctions satisfaisantes. Toutes ces églises ont un caractère commun de simplicité austère et de massive solidité.

Nous trouvons dans l'*Architecture monastique* de M. Lenoir un plan,

(1) Voir Viollet-le-Duc, I, 274 et la coupe de l'église d'Hauterive. Pl. G.

mais sans échelle, de l'église de Silvacane. Sur la transnef s'ouvrent le chœur carré et quatre chapelles de même forme ; le chevet est ajouré de trois fenêtres. La nef de trois travées est voûtée en berceau brisé, et est butée par un berceau en quart de cercle sur les bas-côtés. Le même donne le plan, sans échelle, de l'église cistercienne de Saint-Vincent-Saint-Anastase près de Rome. La nef est très longue, les piliers carrés, la nef transversale très saillante et sur elle s'ouvrent un chœur et quatre chapelles carrées. Il indique le même plan pour les églises cisterciennes de Fossanova et de Casamavi. Il en est de même pour l'église de San-Galgano en Toscane. Une vue de ses ruines (1) nous reporte loin de l'Italie. Les archivoltes en ogive, le chevet droit percé de deux rangées superposées de trois fenêtres et d'un grand oculus, tous les détails nous montrent que l'architecte de ce monument était un moine français.

M. Buhot de Kersers dans une savante étude sur l'architecture religieuse en Berry a fort bien indiqué l'influence exercée dans ce pays par l'architecture cistercienne, apportant un plan nouveau, celui de Fontenay, et imposant une plus grande sobriété d'ornementation. Il donne (pl. VIII) le plan de l'église abbatiale de Noirlac. On y retrouve le chœur carré peu profond, voûté en berceau ogival, ajouré de trois fenêtres en lancette surmontées d'un vaste oculus sans divisions, et accompagné de quatre chapelles carrées couvertes de voûtes d'arête surélevées. Au transept et à la nef ce sont des voûtes ogivales dont les arcs croisés sont composés d'un seul tore et qui retombent sur des colonnettes formant cul de lampe. Les collatéraux ont comme les chapelles des voûtes d'arête surélevées. A Fontmorigny le plan est le même, sauf que la nef n'a pas de collatéraux ; elle est couverte comme la transnef et le chœur de voûtes ogivales à nervures. M. Louis Jarry a publié en 1862 une histoire fort intéressante de l'abbaye cistercienne de la Cour-Dieu fondée dans la forêt d'Orléans en 1118, la même année que les Vaux de Cernay. Elle eut aussi un progrès lent. Le pape Adrien IV la confirma en 1159. Le 25 mars 1169-1170 l'abbé Sévin commença une grande église pour remplacer l'oratoire

---

(1) Jules Gourdault. *Les villes de Toscane*, p 175.

primitif. En 1182 Manassès de Garlande, évêque d'Orléans, y consacra cinq autels ; trois autres furent bénis par son successeur Henri de Dreux, mort en 1198 ; enfin la dédicace fut faite en 1216 par les évêques d'Orléans, de Paris et de Chartres qui y consacrèrent sept nouveaux autels. Cet édifice dont il ne reste que des ruines était sur le plan de l'église de Fontenay, mais devait offrir un aspect moins austère. Les piliers en croix étaient ornés sur trois faces de colonnes avec chapiteaux ; un pilastre portait l'arc doubleau qui séparait chaque travée de la voûte d'arête. Nous reproduisons (planche D), en y ajoutant la projectiom des voûtes, le plan donné par M. Jarry.

Comme aux Vaux de Cernay la longueur hors d'œuvre est de 70 mètres et la largeur à la croisée de 38 ; la superficie totale de 1,700 mètres carrés est de peu inférieure. Cependant par la multiplication des parties ce plan donne l'idée d'un plus vaste édifice. La nef a sept travées contre cinq aux Vaux de Cernay ; mais elle est moins large, 17 mètres au lieu de 20. Le chœur étant plus étroit on a pu ranger de chaque côté trois petites chapelles carrées. En face s'ouvrent quatre chapelles tournées vers l'ouest et débordant la nef. Quarante voûtes séparées par des arcs ou des murs couvrent cette église, tandis qu'il n'y en a que vingt-six aux Vaux de Cernay. Cette diminution des dimensions devait lui donner plus d'élégance, mais aux dépens de l'ampleur. Un dessin du temps nous a conservé la distribution des fenêtres du chevet. Au-dessus d'un rang de trois fenêtres en plein cintre s'en trouvaient deux en ogive surmontées d'un oculus.

M. Rudolf Rahn a publié en allemand dans les mémoires de la Société des Antiquaires de Zurich de 1872 une étude sur les églises cisterciennes de la Suisse et un tableau de la filiation de ces maisons dans ce pays et dans une partie de l'Allemagne. Les cinq plans qu'il publie et les indications qu'il donne sur d'autres églises montrent une imitation presque constante de Fontenay quoique les moines qui les construisaient fussent venus de diverses abbayes de l'ordre.

Ne pouvant multiplier nos plans nous ne donnerons que celui de l'église abbatiale d'Hauterive (pl. F) près de Fribourg, tant parce que nous l'avons mesuré autrefois, que parce que celui donné par M. Rahn présente une grave erreur. Par suite de la fausse lecture d'une cote de son croquis il a donné à la dernière travée du chœur, la profondeur du chœur tout entier (7^m,84 au lieu de 3^m,92). Il en résulte la déformation de cette travée et une beaucoup trop grande saillie du chœur sur les chapelles qui l'accompagnent.

Sur la demande de Gui, évêque de Lausanne, une colonie de Cisterciens venue de Pontigny fonda en 1123 dans son diocèse l'abbaye de Bonmont ; une autre, partie de Bellevaux au diocèse de Besançon, fonda en 1135 Montelon (Thela) ; enfin le moine Girard, de Cherlieu au diocèse de Besançon fonda en 1134 Hautcrêt (*Alta crista*) dans le pays de Vaud, et en 1137 près de Fribourg Hauterive (*Alta ripa, Altenryf*).

Le fondateur d'Hauterive fut Guillaume, seigneur du château de Glane dont on voit encore les fossés sur le promontoire au confluent de la Glane et de de la Sarine. Se voyant sans postérité il démolit son château pour en employer les pierres à construire le monastère à peu de distance dans une boucle de la Sarine entourée de hautes falaises. Parmi les premières donations on peut remarquer celle de cent mesures de sel sur Salins faite en 11 4 par Jean, comte de Bourgogne.

Comme à Fontenay, la nef de l'église d'Hauterive est couverte d'un berceau ogival buté par les berceaux transversaux des collatéraux. Les piliers sont en forme de croix sans chapiteaux sculptés. Un chœur carré et quatre chapelles de même forme s'ouvrent sur la transnef. En 1327 les trois fenêtres primitives du chevet furent remplacées par une grande fenêtre à meneaux qui fut garnie de vitraux malgré les prescriptions primitives de saint Bernard. Le cloître au midi de l'église fut aussi remplacé par un autre en gothique assez avancé. Une chapelle fut accolée au nord de la nef transversale. En A de fort belles stalles occupent la croisée et la première travée de la nef ; en B se trouve le tombeau du fondateur, mort au couvent en 1142 ; en C nous devons signaler un triste et récent souvenir. On y a inhumé de nombreux soldats français morts de maladies, pendant l'internement de 1871, dans cette abbaye qui servait à leur casernement.

Cette église a 48 mètres de long dans œuvre et 15 mètres de large pour les trois nefs ; elle ne couvre que 830 mètres superficiels. Celles de Bonmont,

Kappel, Frienisberg (Aurora) en Argovie dont M. Rahn donne les plans ont une centaine de mètres de plus ; Wettingen (Maris stella) atteint 1,130 mètres carrés.

Les formes simples et sévères de l'architecture de Citeaux ne pouvaient avoir beaucoup de faveur en France où se formait une nouvelle architecture à la fin du XIIe siècle et où de puissantes écoles provinciales luttaient pour se surpasser en jetant des voûtes hardies sur les plus larges nefs. Mais en Suisse et en Allemagne où l'art était stationnaire le plan cistercien fut adopté avec empressement, ce qui a permis à M. de Roisin de dire que cet ordre avait été en Allemagne le missionnaire de l'architecture gothique.

VI. — Il ne nous reste plus qu'un type à étudier, celui des églises des religieuses bernardines dans lequel toutes les chapelles accessoires étant supprimées comme superflues, il ne reste que le plan cruciforme. Nous en avions dans nos environs un bel exemple que la colère de Louis XIV a fait disparaître en 1712. L'abbaye de Port-Royal avait été fondée en 1204 pour des religieuses cisterciennes placées sous la direction de l'abbé des Vaux de Cernay. La belle église de ce célèbre monastère était d'une architecture gothique fort élégante rappelant peu la sévérité de saint Bernard. Elle avait 55 mètres dans œuvre, 28 mètres de largeur au transept, et 19 dans la nef. Cette nef de six travées était portée par des colonnes rondes. Deux gros piliers cantonnés de colonnettes et les murs du chœur portaient la croisée. Le chœur de deux travées avait près de 9 mètres de largeur et 11^m,30 de profondeur ; il devait paraître d'autant plus étroit qu'il n'était pas accompagné de chapelles. La superficie totale de l'église était de 1,260 mètres carrés. On peut espérer que M. Morize qui a mesuré et dessiné tous les débris de ce monument nous en donnera un jour la description (1).

L'église de l'abbaye de Bernardines de la Maigrange à Fribourg (Maera

---

(1) Nous ajoutons aux plans faits par M. de Dion celui de Port-Royal tiré d'un travail que nous préparons depuis longtemps sur l'archéologie de cette abbaye représentée par les gravures modernes avec plus de fantaisie que d'exactitude. Au-dessous du plan nous donnons une coupe de l'un des piliers principaux de la nef et de l'encoignure du collatéral septentrional. (L. M.)

Augia) qui dépendait d'Hauterive est encore plus simple et de petite dimension. Ce n'est qu'un rectangle dont le chevet carré est percé de trois fenêtres en ogive surmontées d'une rose.

Pour mieux connaître les églises cisterciennes il faudrait pouvoir leur comparer celles bâties à la même époque par d'autres ordres. D'après M. Anthyme Saint-Paul les églises de l'ordre des Prémontrés ressemblaient fort aux églises cisterciennes. Il cite entre autres Saint-Martin de Laon et Beauport (Côtes-du-Nord). M. de Caumont a donné dans son *Abécédaire d'archéologie* le plan de l'abbaye de Beauport dont l'église du xiii° siècle présente comme Fontenay un chœur carré avec quatre chapelles. Seulement ces chapelles sont séparées par des arcades et non par des murs. Toutes les voûtes sont à nervures croisées.

M. Fleury dans ses *Antiquités de l'Aisne* (III, 224) a exagéré l'influence personnelle de saint Bernard en lui attribuant l'adoption d'un chevet plat pour un grand nombre d'églises de ce département. Cette forme se retrouve dans beaucoup de provinces.

L'abbaye de Tiron au Perche, dont nous avons raconté la fondation, avait une nef fort longue, sans bas-côtés, large de 11 mètres et couverte de charpente, la transnef est fort prononcée ; le chœur carré était entouré d'un bas-côté et de nombreuses chapelles. Il avait été reconstruit au xiv° siècle sur un plan analogue à celui de l'église de Citeaux (1).

M. l'abbé Blanchet a publié dans les *Mémoires de la Société archéologique de la Charente* une histoire de l'abbaye de la Couronne près d'Angoulême qui renferme les détails les plus précis et les plus instructifs sur la construction de son église. Il n'en donne malheureusement qu'une description confuse et des dessins insuffisants et contradictoires.

Le bienheureux Lambert, moine de Saint-Augustin, né en 1076, curé en 1101 de Saint-Jean de la Palud près Angoulême, était un des amis de Robert d'Arbrissel et fut comme lui un des réformateurs de l'ordre monastique. Une petite congrégation s'étant formée autour de lui, il choisit pour bâtir

---

(1) Voir le *Cartulaire de Tiron*, publié par M. Merlet.

un monastère, une île rocheuse de forme circulaire au milieu des marais de sa paroisse, d'où il prit le nom de la Couronne. Les travaux commencèrent le 12 mai 1118. Il prenait possession du monastère le 12 mars 1122 en présence de Vulgrin, comte d'Angoulême et de Guillaume d'Auberoche, évêque de Périgueux, qui lui remit la crosse abbatiale. Une bulle de 1124 confirma cette fondation. Lambert devint évêque d'Angoulême en 1136 et mourut le 13 juin 1149. Il fut enterré dans son ancien monastère mais non dans l'église dont on projetait le remplacement.

La première pierre fut posée le 12 mai 1171 ; dès le 15 mai 1174 les travaux étaient assez avancés pour poser la pierre fondamentale du maître-autel retrouvée en place en 1842. Les moines prirent possession de l'église le 3 avril 1194, quoiqu'il manquât le bras sud de la croisée qui devait occuper la place de l'église à démolir. Elle fut consacrée le 29 septembre 1201. Pour cette construction on ne suivit pas le plan régional, dont l'église de Saint-Jean de la Palud, encore subsistante, offrait le modèle. On prit celui de Fontenay: un chœur carré accompagné de quatre chapelles de même forme. Elle avait 222 pieds de long hors d'œuvre, 145 de large à la nef transversale. La nef avait la même largeur que Savigny et Longpont, soit 26 mètres dans œuvre. La superficie peut s'évaluer à 2,200 mètres. Un clocher élevé vers 1250 sur la travée du portail s'écroula en 1452 en ruinant une grande partie de la nef. Dans la reconstruction on diminua celle-ci d'une travée. A la même époque on remplaça les trois fenêtres rangées du chevet par une grande fenêtre à meneaux flamboyants.

En multipliant ces exemples, en multipliant surtout les bons plans, que les meilleures descriptions ne peuvent remplacer, on obtiendrait une classification méthodique des églises monastiques. Nous espérons que la Société archéologique de Rambouillet pourra dans la suite de ses publications fournir de nouveaux documents pour cette étude. Déjà en 1862 le regretté M. Claude Sauvageot a gravé pour elle, avec la finesse et la précision qui ont fait sa réputation, la petite église de Notre-Dame de la Roche de l'ordre de Saint-Augustin, dont le plan est une croix à branches carrées presque égales. Les portefeuilles de M. Morize renferment les dessins des deux chapelles grandmontaines de Louye et des Moulineaux, qui comme toutes celles de l'ordre sont composées d'une nef étroite, voûtée en berceau, sans jours latéraux et terminée par une abside à trois fenêtres élancées. Il pourrait encore nous donner l'église romane de l'abbaye de Clairefontaine, dont le plan est à peu près semblable, puis la charmante chapelle gothique, de la commanderie des Templiers de la Ville-Dieu-lèz-Maurepas.

Nous serions heureux si le présent essai et la suite que nous espérons pouvoir lui donner faisaient avancer d'un pas la question des écoles monastiques, une des plus attrayantes, mais aussi des plus difficiles parties de l'archéologie monumentale de notre pays.

A

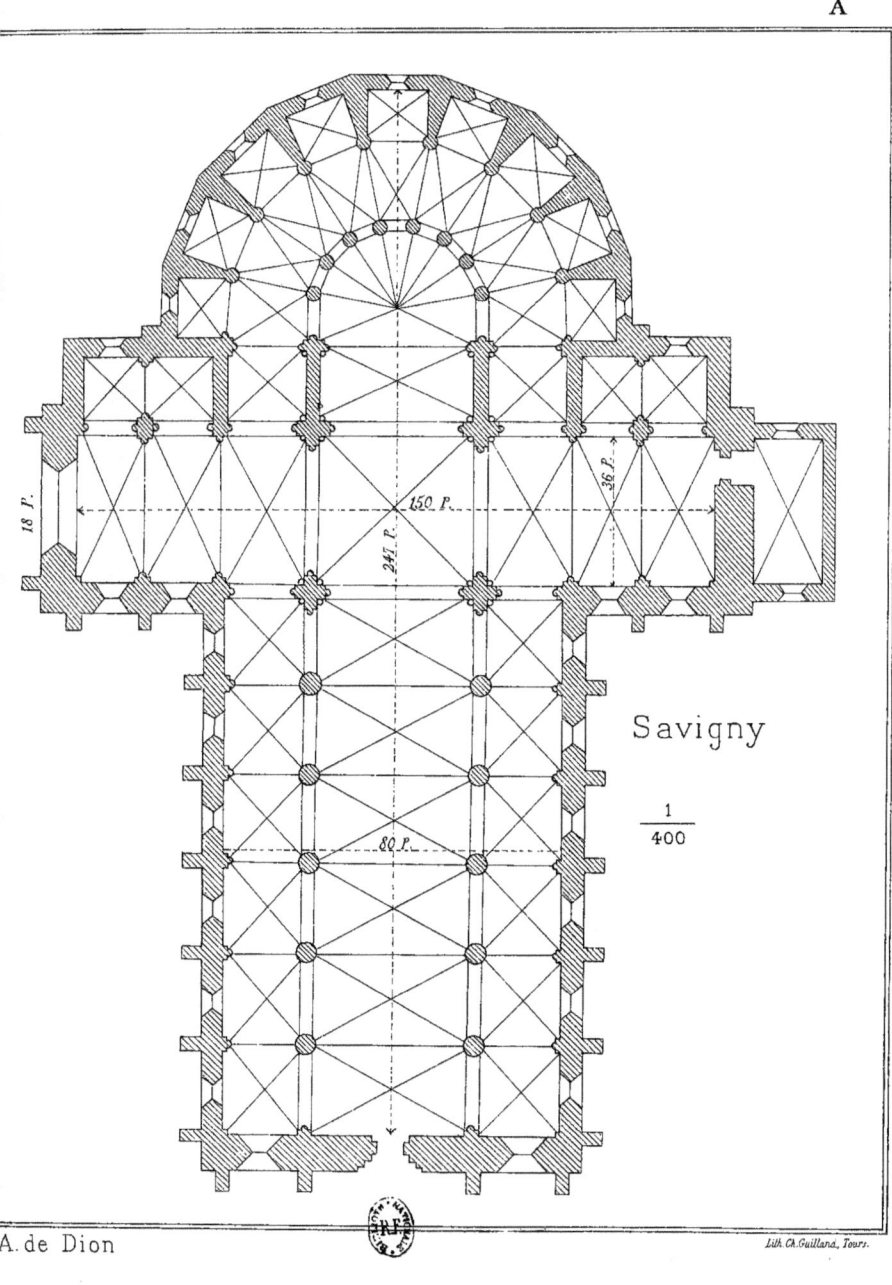

A. de Dion

Savigny

$\frac{1}{400}$

Lith. Ch. Guilland, Tours.

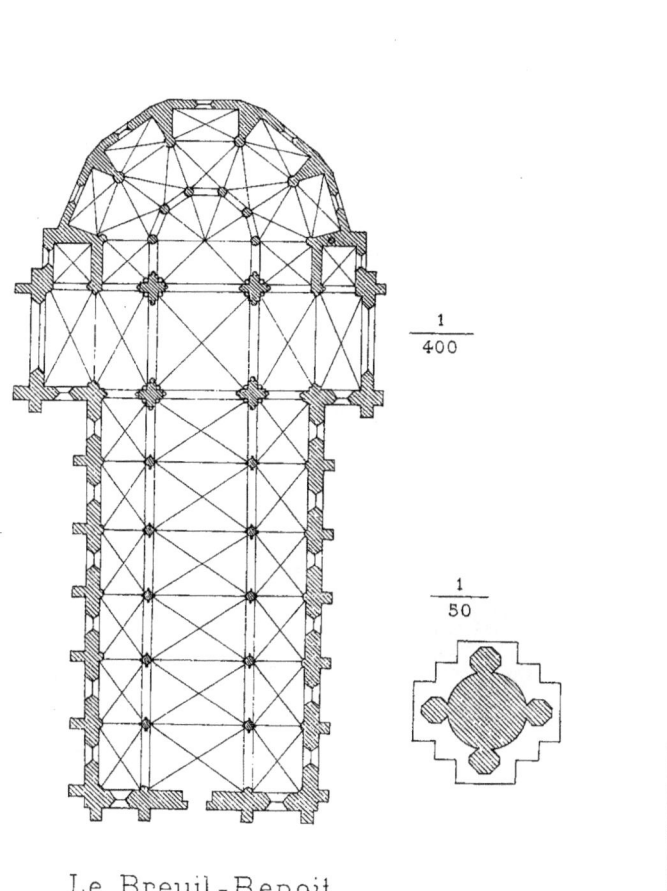

Le Breuil-Benoît

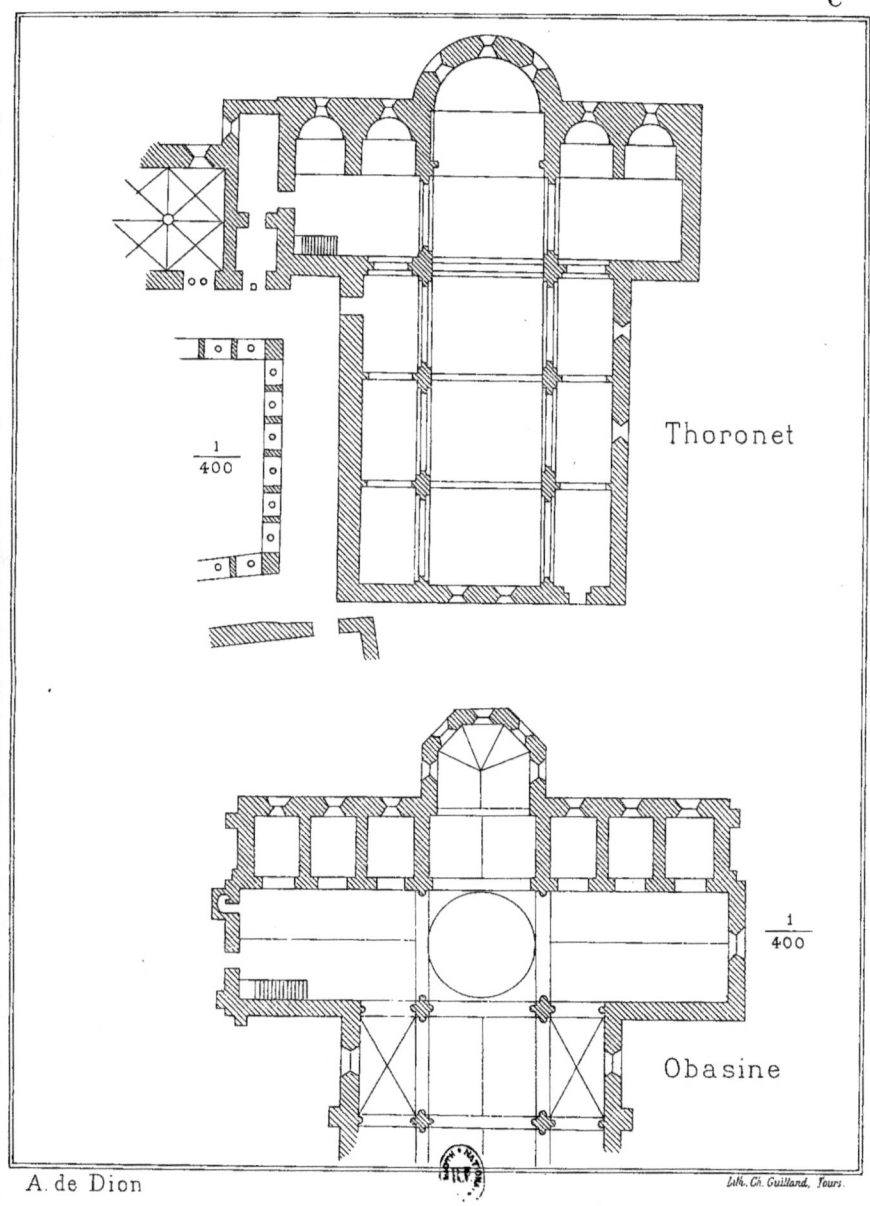

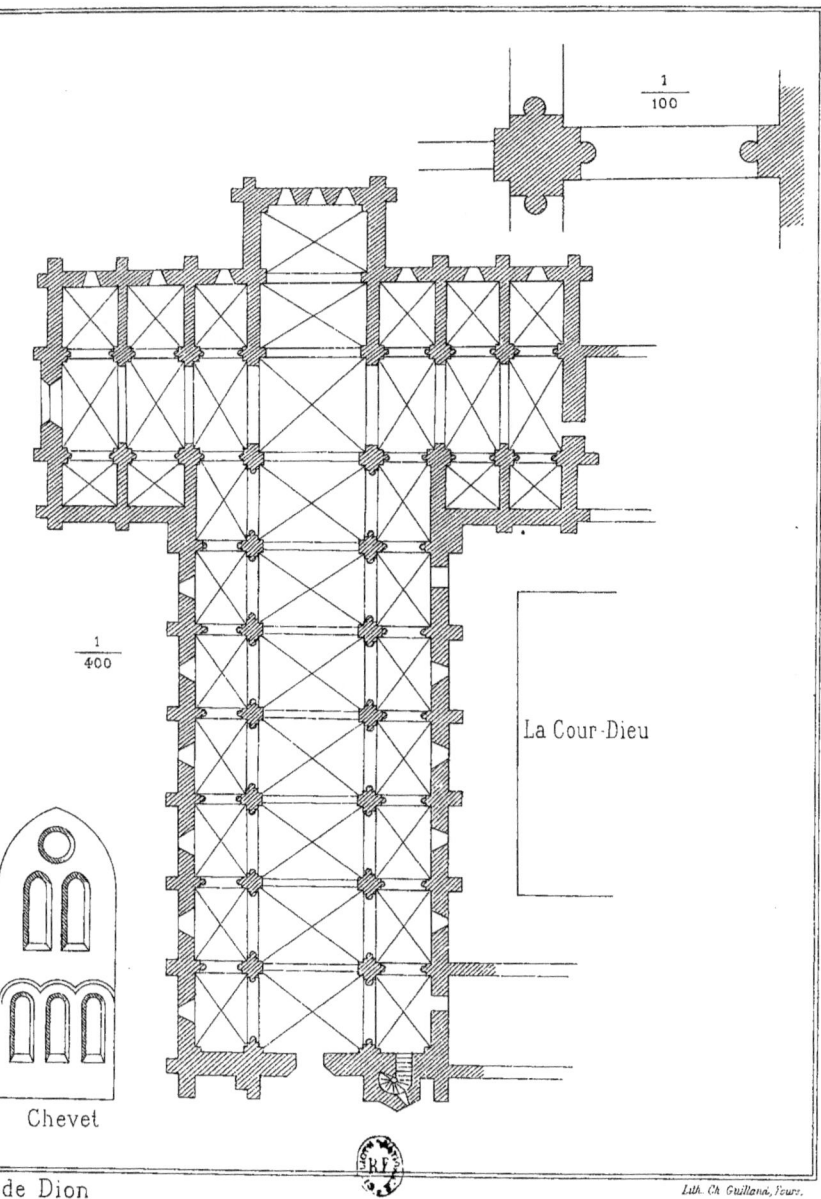

La Cour-Dieu

Chevet

A. de Dion

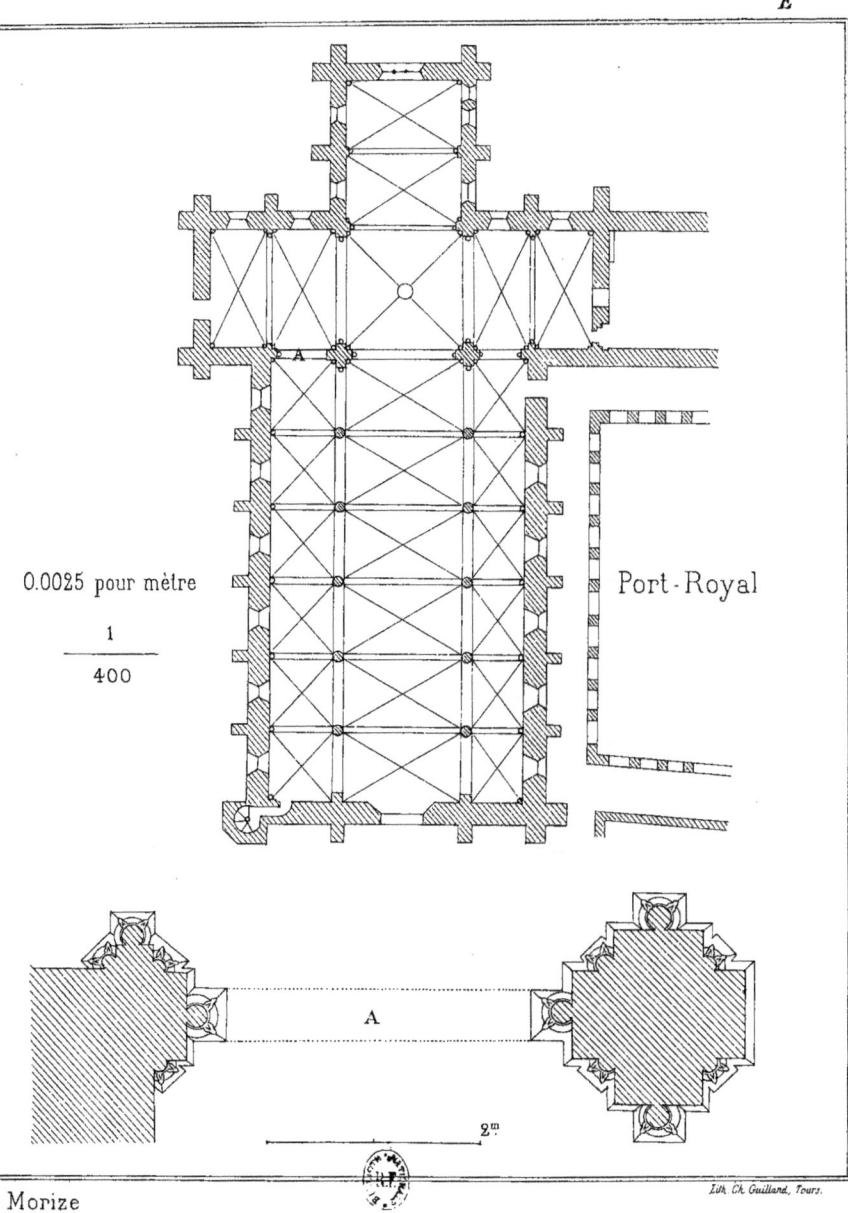

Port-Royal

0.0025 pour mètre

$\dfrac{1}{400}$

Morize

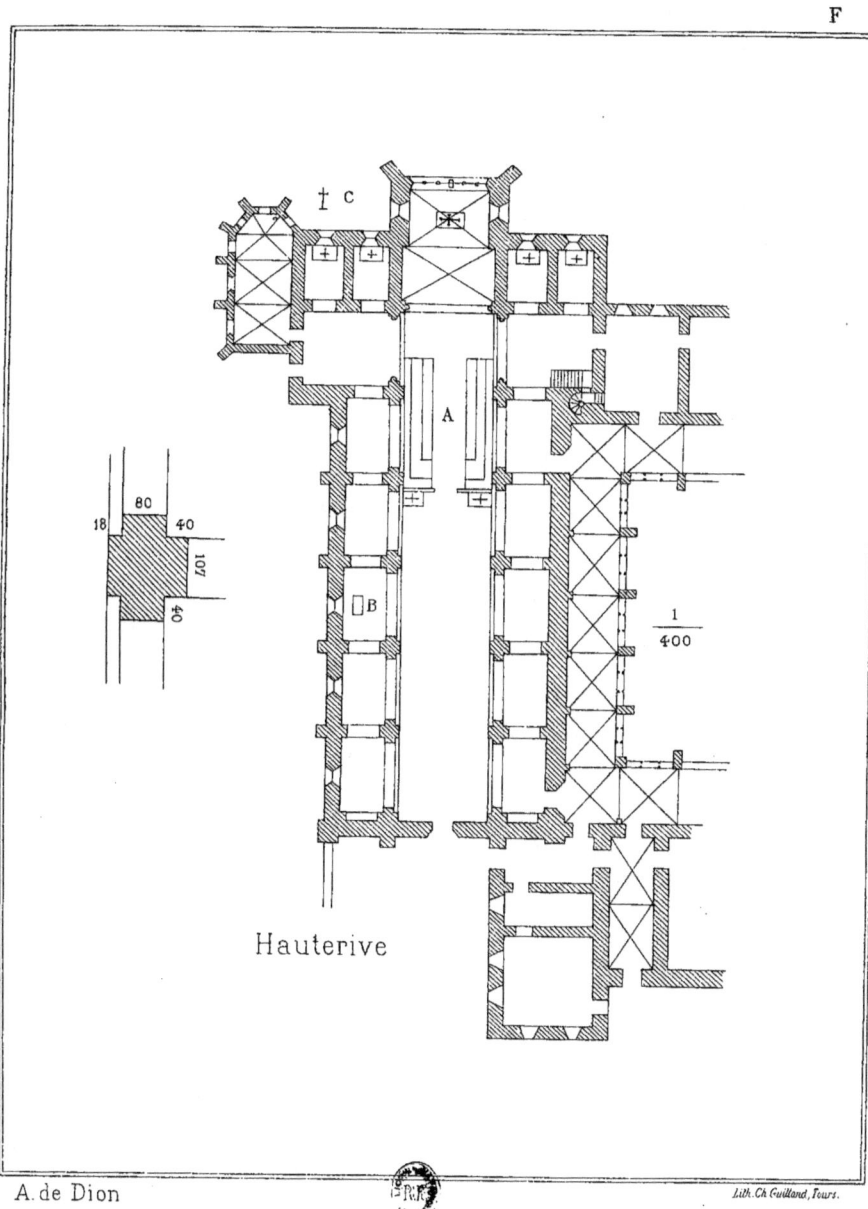

Hauterive

A. de Dion

(G)

ÉGLISE D'HAUTERIVE

(H)

STALLES D'HAUTERIVE

ABBAYE DES VAUX DE CERNAY

RÉSUMÉ HISTORIQUE

Les origines de l'abbaye des Vaux de Cernay, les circonstances favorables à sa fondation ont été amplement exposées par M. de Dion, aussi nous bornerons-nous à faire connaître les quarante-huit abbés qui, pendant le long espace de six cent soixante-treize années ont été, à divers titres, mis à la tête du monastère. Il se trouve parmi eux des personnages peu marquants, à peine connus, qui n'ont, malgré leurs vertus privées, laissé que de faibles traces dans l'histoire; nous nous attacherons surtout à rapporter les faits qui constatent les accroissements du domaine des Vaux, et à donner l'état de la communauté à différentes époques.

Ce résumé peut se diviser en trois parties :

I. — L'abbaye sous les abbés réguliers de 1118 à 1542.
II. — État et situation de l'abbaye au commencement du XVIe siècle.
III. — L'abbaye sous les abbés commendataires de 1542 à 1971.

I. — ABBÉS RÉGULIERS

En 1118, Simon de Neaufle donna à Dieu et aux moines de Savigny le Val-Bric-Essart pour y construire une abbaye en l'honneur de la sainte mère de Dieu, Marie, et de saint Jean-Baptiste. Ève, sa femme, et ses enfants consentirent à cette donation. Il accorda aux religieux le bois nécessaire pour leur chauffage et pour leurs constructions, et aussi le droit de pâture dans les forêts qu'il possédait aux alentours. De plus il leur donna à cultiver la terre de l'Essart-Robert, et promit d'approuver les aumônes que ses vassaux pourraient faire à la nouvelle communauté.

Simon de Gometz le premier, usa de cette faculté en donnant la terre de la Hunière près du Tremblay. Les donations se succédèrent et bientôt l'abbaye eut quelques ressources assurées en dîmes, terres, vignes et prairies. En 1142 le roi Louis VII confirma les cessions et aumônes faites par divers personnages et celle de la Petite-Forêt ou Haye de Neaufle, une des dernières libéralités de Simon de Neaufle ; il y ajouta les droits d'usage et de pâturage dans la forêt Iveline.

C'était en faveur de l'abbaye de Savigny en Avranchin, située entre Mortain et Fougères, que ces donations avaient été faites. Cette abbaye fondée en 1112 par un des compagnons de Robert d'Arbrissel, par le bienheureux Vital de Mortain, était devenue en peu d'années un des plus célèbres monastères de France, la maison-mère d'une congrégation dont les développements furent aussi rapides que considérables ; on y suivait la règle de Saint-Benoit avec quelques constitutions particulières.

I. — Un religieux nommé ARNAUD, Artaud ou Arrald, fut chargé par Vital ou par son successeur, saint Geofroy, de la direction des frères qui allèrent s'établir dans le val Bric-Essart, désigné peu après sous le nom de val de Cernay, *Vallis Sarnaii*. Le nombre des religieux s'accrut si promptement, malgré la pauvreté de la communauté, que le nouveau monastère, devenant maison-mère à son tour, put envoyer, dès 1137, plusieurs de ses membres fonder l'abbaye du Breuil-Benoît, près de Marcilly-sur-Eure aux environs d'Anet.

II. — Hugues avait remplacé Arnaud lorsqu'en 1148 le vénérable Serlon, abbé de Savigny, soumit à la règle de Cîteaux et à la conduite de saint Bernard son abbaye et les trente-trois monastères d'hommes qui en dépendaient. C'est ainsi que les Vaux de Cernay et le Breuil-Benoît devinrent des abbayes cisterciennes de la filiation de Clairvaux. Hugues fut enterré dans la salle du chapitre auprès d'Arnaud en 1151.

III. — Jean Ier dirigea l'abbaye de 1151 à 1156.

IV. — André de Paris, quatrième abbé des Vaux, fut promu en 1161 par les soins d'Henri de France, archevêque de Reims, à l'évêché d'Arras. Pendant son gouvernement l'abbaye des Vaux reçut de nouveaux accroissements et commença à sortir de l'état de gêne constaté par Suger, abbé de Saint-Denis. Louis VII lui donna trente arpents de terre; Bouchard de Montmorency une rente perpétuelle.

Les libéralités du Nantier d'Orsay et de plusieurs autres personnages avaient formé le noyau des possessions de l'abbaye à la Bussière, à Montfaucon, domaine connu plus tard et encore de nos jours, sous le nom de la Grange aux Moines, commune de Saint-Jean-de-Beauregard.

Lorsqu'en 1159 la guerre éclata entre Louis VII et le roi d'Angleterre, Simon III de Monfort, comte d'Évreux, manquant à ses devoirs de vassal, livra à Henri II ses forteresses de Monfort, d'Épernon et de Rochefort qu'il tenait en fief du roi de France. Cette défection rendait les Anglais maîtres de toutes les routes entre Paris, Dreux, Chartres et Orléans ; aussi Louis VII se hâta de conclure la paix dès l'année suivante. Pendant l'occupation anglaise, l'abbé des Vaux s'était rendu à Gisors et avait demandé à Henri II une sauvegarde pour son monastère.

V. — Mainier fut abbé des Vaux pendant vingt ans, de 1161 à 1181. Vers 1174, saint Pierre, archevêque de Tarentaise, envoyé en France pour réconcilier Louis VII et Henri II, consacra aux Vaux de Cernay la chapelle des apôtres saint Jacques et saint Philippe. L'abbaye entra alors en possession des terres des Ebisoirs près de Plaisir, de Proverleu non loin d'Ablis, des granges de Saint-Nom-la-Bretèche et de biens situés près de Mennecy et de Melun.

C'est à l'abbé Mainier ou à son successeur immédiat que fut adressée la lettre de Pierre, abbé de Clairvaux, lettre publiée par M. d'Arbois de Jubainville dans ses excellentes *Études sur les abbayes cisterciennes*. L'abbé des Vaux avait emprunté un livre à Clairvaux. Soit accident, soit négligence, le livre avait été gravement endommagé ; aussi, pour le renvoyer, on avait pris beaucoup de précautions. Le porteur eut soin de le rendre de nuit et il repartit le lendemain sans attendre le jour, et avant qu'on eût pu examiner le volume. L'abbé Pierre, sans manquer à la charité, fit à l'abbé des Vaux des reproches très vifs et bien mérités.

Ce fait nous amène à parler de la bibliothèque de l'abbaye au xii° siècle. Le catalogue a été conservé dans un lectionnaire de cette époque qui porte, à la bibliothèque de l'Arsenal, le n° 209 et dans lequel on lit au folio 177 de l'écriture du xii° siècle *Liber sancte Marie de Surnaio*.

Ce catalogue a été publié par M. H. Martin dans le *Bulletin de la Société de l'histoire de Paris et de l'Ile de France*, 1886, page 36. Nous ne le reproduirons pas parce que ses soixante-seize numéros sont tous consacrés à la théologie. On y trouve les ouvrages de saint Ambroise, d'Origène, ceux de saint Bernard, de saint Anselme et d'autres docteurs de l'époque. Les livres de chœur n'y sont pas compris. C'était une bibliothèque spéciale très suffisante. En tête du catalogue était placée une note dont voici la traduction : Nous voulons faire connaître aux moines qui nous succéderont dans le monastère de Cernay (*in cenobio Sarniensi*) le nombre et le titre des volumes qu'il possède de peur que le souvenir ne s'en perde. Que si quelqu'un tente d'en détourner ou enlever, que son nom soit effacé du livre de vie et qu'au lieu d'être inscrit parmi les justes, il soit livré aux tourments de l'enfer !

Le même auteur a trouvé, dans ce lectionnaire et a publié également un inventaire des biens de l'abbaye à la même époque. Cet inventaire n'indique rien qui ne se trouve dans les premières chartes du Cartulaire.

VI. — Gui, successeur de Mainier, fut le plus célèbre des abbés des Vaux de Cernay, par l'influence qu'il a eue dans les affaires générales de la France. Il était d'une famille noble ; il eut pour protecteur et pour ami le fameux docteur Étienne, d'abord abbé de Sainte-Geneviève de Paris et ensuite évêque de Tournai.

En 1181, le frère Guinard et les autres ermites du Planet, entre Saint-Léger-en-Iveline et Condé, se soumirent et se donnèrent à l'église de Cernay, eux et la maison qu'ils avaient construite et aussi les terres que les rois de France leur avaient concédées au Planet et à Poliempont.

Gui est cité en 1190 dans le testament que fit le roi Philippe-Auguste avant de partir pour la Terre Sainte. Au retour de la croisade, la guerre ayant éclaté entre le roi de France et les Anglais, les religieux des Vaux se réfugièrent dans les maisons qu'ils possédaient à Paris, près du palais des Thermes. Lorsqu'ils revinrent au monastère, en 1195, ils eurent la douleur de voir la foudre consumer le dortoir. Une lettre du pape Innocent III, datée de 1201, retira à l'évêque de Chartres, Renaud accusé de simonie, le pouvoir de conférer les bénéfices dans son diocèse, et délégua ce pouvoir à l'évêque de Paris et à l'abbé des Vaux de Cernay.

Lorsque ce grand pape fit les préparatifs de la cinquième croisade, prêchée par Foulques de Neuilly, et qu'il exhorta le clergé à subvenir aux frais de l'expédition, ce fut aux évêques de Paris et de Soissons et aux abbés des Vaux de Cernay et de Saint-Victor qu'il commit le soin de faire payer la taxe du clergé fixée au quarantième du revenu, et d'exécuter tous les autres ordres qu'il transmit pour assurer le succès de la guerre sainte. Gui fut encore choisi par le chapitre général de Citeaux avec les abbés de Looz et de Perseigne, pour accompagner les croisés. Il partit en 1203 avec une grande troupe de croisés, et avec Simon IV de Montfort, son ami particulier, sur lequel il eut toujours une grande influence. Il avait emmené son neveu,

Pierre, moine des Vaux de Cernay, qui, dans le dix-neuvième chapitre de son *Histoire des Albigeois*, nous a laissé un intéressant récit de l'expédition de Zara, de la fermeté et du courage dont l'abbé Gui et Simon de Montfort firent preuve en cette circonstance.

On sait qu'un grand nombre des chefs croisés ne se rendirent pas à Venise comme ils avaient juré de le faire, et que, partant, les princes et les barons se trouvèrent, malgré les plus généreux sacrifices, dans l'impossibilité de remplir les engagements excessifs contractés avec la République au nom de tous les croisés.

« Or les citoyens de Venise, hommes rusés et pervers, s'apercevant que... nos pèlerins étaient quasi à sec et épuisés d'argent..., les conduisirent à la destruction d'une certaine ville chrétienne appartenant au roi de Hongrie, laquelle était nommée Zara..... Le comte de Montfort et l'abbé de Vaulx, ne voulant suivre la multitude à mal faire, se refusèrent à camper avec les autres et s'éloignèrent de la ville. Cependant le seigneur pape envoya lettres à tous pèlerins, leur commandant sous peine de grave excommunication de n'endommager en aucune façon la dite cité de Zara. Il advint que l'abbé de Vaulx lisant un jour ces lettres aux nobles hommes de l'armée, les Vénitiens voulurent le tuer. Lors le noble comte de Montfort se leva au milieu de l'Assemblée, et, s'opposant aux Vénitiens, il les empêcha de le tuer, puis, s'adressant aux citoyens de Zara qui étaient là présents pour demander la paix, le noble comte devant tous les barons, leur parla de la sorte : « Ici ne suis venu pour détruire les chrétiens et ne vous ferai aucun mal, et, quoique fassent les autres, pour ce qui est de moi et des miens, je vous en assure. » Ainsi parla cet homme sans peur, et aussitôt lui et les siens sortirent. »

Les barons prirent la ville.

Quant au comte... « sortant de la compagnie des pêcheurs avec grand ennuy et despens, cheminant par terre déserte et sans chemin, après beaucoup d'ennuis et labeurs, parvint à une très noble ville d'Apulie, nommée Brundusium ; et, de là, louant des nefs, s'achemina, montant d'une vite course outre-mer, où il demeura un an ou plus, s'exerçant contre les payens par beaucoup de prouësses militaires; la plupart des barons qui, contre le devoir et prohibition à eux faite, saccagèrent la cité de Iadres, morts, il retourna sain et sauve avec honneur en son pays, et dès lors, il commença les triomphes qu'il a depuis heureusement consommez. » Cette dernière citation est empruntée à la traduction d'Arnaud Sorbin, 1569.

Après la prise de Zara, Gui s'opposa à l'expédition de Constantinople, s'indignant qu'on mît dans la même balance les intérêts de Dieu et ceux d'Alexis. Il quitta les croisés et revint en France à la fin de l'année 1203, rapportant une bulle d'Innocent III qui déclarait nulles toutes les sentences de suspension, d'excommunication ou d'interdit qui auraient pu être prononcées contre l'abbé et les moines des Vaux de Cernay. Cette lettre assurait à l'abbaye des Vaux les privilèges de l'Ordre de Cîteaux, et mettait sous la sauvegarde du souverain pontife non seulement les moines, mais encore leurs ouvriers poursuivis pour le paiement de dîmes et les bienfaiteurs qui, pour aider le couvent, auraient lésé les intérêts d'autrui.

Trois ans après, Gui devint l'un des principaux acteurs dans la croisade dirigée contre les Albigeois. Sous la conduite d'Arnaud, général de l'Ordre de Cîteaux, il fut l'un des douze abbés qui travaillèrent par leurs prédications, à réfuter les erreurs sociales et antireligieuses qui souillèrent non seulement le midi de la France, mais encore une partie de l'Espagne et de l'Italie. Ces tentatives étant malheureusement demeurées sans succès, l'abbé des Vaux s'occupa des moyens d'activer la croisade qui se préparait contre les Albigeois. Simon de Montfort devint le chef de l'expédition. Gui l'accompagna et l'aida de ses conseils; en récompense de son dévouement, il fut nommé à l'évêché de Carcassonne, en 1211. Il n'en suivit pas moins Simon de Montfort au siège de Toulouse. L'année suivante, il vint à Paris pour tâcher d'obtenir l'envoi d'une nouvelle expédition. Dans l'intervalle de ses courses multipliées en France, il fut témoin de plusieurs combats et de la bataille décisive de Muret. Il était encore revenu à Paris en 1218, quand Simon périt. Au milieu des horreurs de cette guerre, il montra souvent des sentiments de justice et d'humanité.

Voici en quels termes le loue Philippe Séguin, auteur du *Catalogue des saints de l'Ordre de Cîteaux :* « Devenu évêque, il ne s'engourdit pas dans l'oisiveté, il ne rechercha pas les délices du monde, mais il défendit avec vigueur la foi orthodoxe et la discipline ecclésiastique ; il convertit beaucoup d'hérétiques à la vraie foi. Ce saint évêque, après s'être livré à de très grands et de très pénibles travaux pour l'Église de Dieu, orné de toute sorte de vertus, tomba malade et rendit à Dieu son âme bienheureuse en laissant une forte présomption de sa sainteté (1223). »

La vie de son neveu, Pierre des Vaux de Cernay, est à peine connue. On sait seulement qu'il accompagna son oncle jusqu'à Zara et ensuite dans le Languedoc, et qu'il a vécu au-delà de l'année 1218. Son *Histoire des Albigeois* et de la croisade dirigée contre eux dédiée au pape Innocent III et divisée en quatre-vingt-six chapitres, commence en 1203 et finit en 1218 à la mort de Simon de Montfort. On a reproché à Pierre des Vaux de Cernay de s'être trop passionné pour Simon de Montfort qui fut, dans cette lutte terrible du Nord contre le Midi, le champion du catholicisme et de la vraie civilisation. Les historiens de nos jours, tout en blâmant l'ambition du comte de Montfort et les rigueurs déplorables qu'il crut devoir employer, conviennent qu'il est peu de caractères aussi grands que le sien par la volonté, la persévérance, le courage, la piété, la pureté des mœurs. L'historien du grand pape Innocent III, le protestant Hurter, présente Simon de Montfort avec Baudoin de Flandres comme un des plus beaux types de la chevalerie de leur temps. Malgré quelques erreurs, l'*Histoire des Albigeois* est précieuse, car elle contient beaucoup de faits et de particularités qui ne pouvaient être transmis que par un témoin oculaire. La narration est souvent interrompue par des exclamations emphatiques ; le style est d'ailleurs assez clair, assez simple.

La Bibliothèque nationale conserve dans le fonds latin quatre manuscrits de cette histoire :

1° N° 18334, manuscrit du XIII° siècle provenant des Minimes ; — 2° N° 2601, excellente copie du XIV° siècle, de la bibliothèque de Colbert ; — 3° Un manuscrit des Archives nationales moins bon que les deux précédents ; — 4° N° 12714, manuscrit du XVII° siècle de la bibliothèque de Coislin.

Le texte latin a été publié d'abord à Troyes en 1615, ensuite par Duchesne au tome V des *Historiens de France* en 1669, par dom Tissier dans la *Bibliothèque des Pères de Cîteaux*, enfin par Dom Brial dans le *Recueil des Historiens des Gaules et de la France* tome XIX, pages 4 et 113.

On en connaît plusieurs traductions françaises, une de 1569 par Arnaud Sorbin ; une autre publiée par Guizot, en 1824. Amaury Duval et Petit-Radel ont consacré deux articles l'un à Gui, l'autre à Pierre des Vaux de Cernay dans le tome XVII de *l'Histoire littéraire de la France*. Le *Nécrologe de Port-Royal*, le *Ménologe de Cîteaux* contiennent aussi une notice sur l'abbé Gui.

Aux Vaux de Cernay, vers l'année 1210, a été écrit un livre conservé maintenant dans la bibliothèque du Vatican et signalé en 1881 par M. Ambroise Thomas. Ce monument a pour titre : *Liber Sanctæ Mariæ de Sernaio*. Il rapporte les miracles opérés par l'intercession de la bienheureuse Vierge Marie dans l'église de Chartres ; il mentionne aussi l'incendie terrible qui dévasta cette église le 3 des ides de juin de l'année 1194.

Pendant la longue administration de Gui, les possessions de l'abbaye prirent une grande extension.

A l'annexion du prieuré du Planet on peut ajouter la terre du Fay, voisine de celle de Crèche proche Limours, comprenant 170 arpents, puis le legs fait par Gui III, seigneur de Chevreuse, de 100 arpents de bois contigus aux étangs de l'abbaye, quelques dîmes, une rente pour vêtir les pauvres de l'hospice de Cernay, des aumônes qui devaient être affectées aux pitances du Carême et du temps de la moisson.

VII. — Thomas était abbé des Vaux dès la fin de l'année 1210. Lorsque, grâce aux libéralités des seigneurs de Marly, une abbaye de femmes de l'ordre de Cîteaux fut définitivement fondée à Porrois (plus tard Port-Royal), Pierre, évêque de Paris, voulut qu'elle fut soumise aux Vaux de Cernay, 1215.

Bouchard de Marly, en 1226, donna 13 livres de rente à cause de l'affection qu'il portait à son fils aîné Thibault qui, sollicité par la grâce divine, venait de recevoir l'habit religieux des mains de l'abbé des Vaux.

VIII. — Richard succéda à Thomas en 1229. Trois ans après, Gui 1er de Lévis, maréchal de l'armée de la Foi, désirant faire construire l'abbaye de N.-D. de la Roche et y entretenir une communauté, fit don de 4,000 livres parisis aux frères du Bois-Guyon qui étaient devenus des chanoines réguliers de l'ordre de saint Augustin. Il déposa cette somme, équivalente de nos jours à quatre cent mille francs, entre les mains de ses vénérables amis l'abbé des Vaux, Amauri, comte de Montfort, et Alexandre des Bordes, chevalier, son parent (1).

En 1232, le pape Grégoire IX écrivit à l'archevêque de Sens et à ses suffragants pour leur recommander de veiller à la sécurité de l'abbé et des frères du monastère des Vaux qui avaient grandement à souffrir de rapines, de violences et de denis de justice.

IX. — Saint Thibault de Marly, 1235-1247. Après la mort de Richard, la communauté choisit pour abbé un religieux qui édifiait tous les frères par ses vertus, sa piété, et qui remplissait depuis cinq ans les fonctions importantes de prieur. C'était Thibault de Marly, fils aîné de Bouchard 1er de Marly et de Mathilde de Châteaufort; par son père il appartenait à l'illustre famille de Montmorency, et par sa mère à la noble famille de Courtenay, issue du roi Louis le Gros. Le jeune Thibault vécut d'abord à la cour et se fit remarquer dans la profession des armes par sa valeur et son courage. Sa grande dévotion à la bienheureuse Vierge le préserva de tous les vices et des dangers du monde. En 1226, quelques mois avant la mort de son père, il entra aux Vaux de Cernay dans un temps où la discipline monastique y était très florissante. Plein de charité pour ses frères, recherchant pour lui-même les fonctions les plus humbles, il dirigeait son monastère, plutôt par son exemple que par son autorité.

(1) L'abbaye de N.-D. de la Roche située à 6 kilomètres au nord des Vaux appartient maintenant à la famille de Lévis-Mirepoix, aux descendants mêmes de son fondateur. Elle est occupée par des orphelins d'Élancourt qui se forment aux travaux du jardinage. La charmante église abbatiale est heureusement conservée ainsi que le bâtiment principal avec la salle capitulaire. Les stalles du xiiie siècle et les statues funéraires sont particulièrement dignes d'intérêt. Le *Cartulaire de N.-D. de la Roche*, suivi d'un précis historique, de la description et de 40 planches dessinées par M. Nicolle, a été publié par M. A. Moutié, en 1862. On doit aussi à MM. Cl. et L. Sauvageot une *Monographie* accompagnée de 27 planches d'une admirable précision, 1863.

En 1237, le chapitre général de Cîteaux donna et imposa au pieux abbé la paternité du Trésor Notre-Dame, non loin de la rive droite de l'Epte. Ce monastère avait été fondé, en 1228, par Raoul de Bu, pour des religieuses cisterciennes (1).

Saint Thibault avait aussi la surveillance de l'abbaye du Breuil-Benoît qui était de la filiation des Vaux de Cernay, et dont dépendait le célèbre monastère de la Trappe. L'abbaye de Port-Royal, fondée et dotée par la famille de Marly, fut également l'objet de ses soins assidus ; il y fit parfois sa résidence dans l'humble logis affecté depuis lors aux confesseurs des religieuses et toujours désigné sous le nom de chambre de saint Thibault. Il établit à Port-Royal un troisième chapelain devenu nécessaire puisque les revenus de cette communauté se trouvaient alors suffisants pour entretenir soixante religieuses.

D'importantes constructions furent élevées aux Vaux de Cernay pendant l'abbatiat de saint Thibault, le dortoir au-dessus du long bâtiment qui s'étendait de l'angle du cloître jusqu'au ruisseau et probablement aussi le réfectoire et le cellier ou salle basse joignant la façade de l'église. Saint Thibault eut nécessairement aussi à surveiller la construction de l'abbaye de la Roche qui était commencée depuis trois ans à peine, et à pourvoir aux besoins du nouveau monastère si généreusement doté par Gui de Lévis.

La réputation de l'abbé des Vaux lui attira l'amitié particulière de Guillaume d'Auvergne, évêque de Paris, bien connu dans l'église et dans les écoles par ses doctes écrits. Le roi saint Louis professait aussi pour lui une vénération profonde et avait une grande confiance dans l'efficacité de ses prières. « On rapporte que saint Louis et Marguerite de Provence, mariés déjà depuis plusieurs années, s'affligeaient de ne pas avoir d'enfants. Ils vinrent tous deux visiter saint Thibault dans son abbaye des Vaux de Cernay réclamant son intercession auprès de Dieu. Le saint, pour toute réponse, leur présenta une corbeille de fleurs d'où sortirent par miracle onze tiges de lis. C'était le nombre des fils et des filles qui devaient naître

---

(1) Voir la note qui accompagne notre frontispice.

de leur union. Ce gracieux sujet a été peint par Vien pour la chapelle du Petit-Trianon, en 1774. » (De Guilhermy, *Inscriptions de la France*, II, 156.)

Dans la vie de saint Thibault, publiée en 1629, par Hugues Ménard, on trouve plusieurs passages qui peignent en termes naïfs la piété profonde du saint abbé. « Tout ce qu'il voyait et entendait, il le tournait à son avantage spirituel. S'il voyait une femme, ou un cheval, ou toute autre œuvre de Dieu, en lui-même il bénissait Dieu qui avait fait de si belles créatures... Un jour qu'il se trouvait à la cour de saint Louis, un joueur de harpe vint pour divertir le roi et les assistants. Alors saint Thibault commença à contempler les joies du paradis et à chanter intérieurement le cantique des anges : Saint, saint, saint est le Seigneur Dieu tout-puissant qui était, qui est et qui sera; si bien que des larmes abondantes coulaient de ses yeux, ce que remarquant le pieux roi, il dit à ceux qui l'entouraient que ce saint homme changeait une récréation temporelle en joie spirituelle, et que son âme recueillait un avantage de ce qui pouvait être un danger pour les autres... Saint Thibault amena les religieux des Vaux à une observance si exacte de la règle, que ce monastère, modèle de tous les autres, passait pour être la prison de l'ordre (*carcer ordinis*), et que peu de moines cisterciens souhaitaient y entrer. » On dit néanmoins qu'à cette époque on y comptait plus de deux cents religieux ; l'étendue des bâtiments confirmerait cette évaluation.

Le pieux abbé convaincu que la pauvreté contribuait plus que tout autre chose à la sainteté des monastères, ne cherchait pas à augmenter les biens de l'abbaye. L'acte le plus important de son administration est l'échange que le connétable Amauri, comte de Montfort, fit avec l'abbé et le couvent des Vaux en 1238. Ceux-ci abandonnèrent les droits d'usage et de pâturage qu'ils avaient dans la forêt Iveline, cédèrent le prieuré du Planet avec ses dépendances, et le comte de Montfort leur donna 1060 arpents tant de bois que de terre entre l'abbaye et la Celle-les-Bordes.

Thibault de Marly mourut de la mort des justes le 7 décembre 1247 ; il fut, comme les abbés ses prédécesseurs, enterré dans la salle capitulaire, et son corps fut recouvert d'une petite dalle d'une simplicité extrême sur laquelle on voit encore une crosse avec ces mots précédés d'une croix :

Hic jacet Theobaldus abbas
(Planche XXXV)

Bientôt l'éclat des miracles que Dieu opéra en sa faveur attira les fidèles à son tombeau. Quatorze ans après sa mort, en 1261, en présence de Philippe, abbé de Clairvaux, son corps fut transféré dans la chapelle de l'infirmerie, d'après une tradition, mais plutôt dans l'église abbatiale. Par la suite, le concours des fidèles devint si fréquent que ses reliques furent déposées dans la nef même de l'église afin que le bruit causé par les pèlerins ne pût troubler la discipline et la solitude monastique.

On ne connait aucune description complète du tombeau de saint Thibault; on sait seulement qu'il était soutenu par quatre colonnes et qu'on lisait au pied le distique suivant :

Mille bicenteno septeno cum quadrageno
Cælo clarescit Theobaldus ubi requiescit

(L'an 1247 Thibault brille au ciel et y repose.)

Dans une vie de saint Thibault écrite en latin à la fin du XIII° siècle, et dont un fragment a été publié par F. Duchesne, tome V, page 403 des *Historiens de France,* on lit :

« La reine Marguerite conserva une si vive reconnaissance pour l'homme de Dieu, qu'après la mort du pieux roi, elle fit un voyage aux Vaux de Cernay. A la vue du tombeau du saint abbé et du cercueil placé dans l'intérieur du tombeau et dans lequel tous ses ossements sont encore conservés avec honneur, elle s'agenouilla, se prosterna à terre, et priant avec ferveur et avec larmes, elle se recommanda à Dieu et à ses saints. »

« Quelques-uns de nos frères les plus avancés en âge nous disent encore qu'un jour le roi Philippe, fils du bienheureux Louis, étant venu à l'abbaye des Vaux, fit appeler un moine des plus anciens, homme très pieux et qui se nommait Henry d'Aties. Il le questionna avec soin sur la conversation, la vie et les mœurs de Thibault. Cet Henri était un homme âgé, fidèle et noble de race. Il répondit au seigneur Philippe : Assurément, mon seigneur roi, je n'ai connu dans toute ma vie un homme meilleur que le très pieux Thibault, si ce n'est le roi votre père. Le bienheureux Louis n'avait pas encore été canonisé (il le fut en 1297). A ces paroles le roi Philippe commença à répandre de douces larmes, puis allant de suite à la chapelle où reposent avec honneur les os du très vénéré Thibault, il fléchit les genoux et adora Dieu avec une grande dévotion. »

La tombe primitive de saint Thibault a seule été conservée. Dans l'église de Cernay-la-Ville, une châsse très délabrée en bois doré renferme quelques parcelles du corps du saint abbé. Lorsque les reliques ont été profanées et brûlées en 1793, on rapporte que le chef de saint Thibault avait été sauvé, mais, faute de preuves suffisantes d'authenticité, on dût se borner à déposer respectueusement cette tête dans une armoire de la même église de Cernay. L'ordre de Cîteaux célébrait le 8 juillet la fête de saint Thibault, mais aux Vaux, pour la commodité des pèlerins, la fête avait été remise au lundi de la Pentecôte.

Le père Anselme dans son *Histoire généalogique de la maison de France*, tome III, attribue à saint Thibault un *Livre de la mort* en vers français. Ce doit être à tort et par suite d'une confusion de nom avec Thibault de Mailly. Il est maintenant reconnu que les stances de la mort sont d'Hélinand, moine cistercien de Froidmont, mort vers 1230.

On connaît quelques images gravées, de saint Thibault ; la plus belle a été gravée par Grégoire Huret en 1670. Pour la vie de cet illustre cistercien, on peut consulter les auteurs et les ouvrages suivants:

Fasciculus sanctorum Ordinis cisterciensis, 1623 ; Hugues Ménard, de la congrégation de Saint-Maur, *Observations sur le martyrologe des Bénédictins*, 1629 ; Henriquez, *Menologium cisterciense*, 1630 ; Claude Chalemot, prieur des Vaux de Cernay, puis abbé de la Colombe, 1666; Dom P. Le Nain, 1697; Adrien Baillet.

X. — Geoffroy fut abbé des Vaux immédiatement après saint Thibault ; on le trouve nommé dans une charte relative à Notre-Dame de la Roche, 1249.

L'année précédente, Jean, comte de Montfort avait donné aux Vaux de Cernay 300 arpents de terre près de Vieille-Église.

XI. — Guérin. D'après certains auteurs, Geoffroy aurait encore été abbé lorsqu'en 1261 on leva de terre les restes de saint Thibault ; d'autres disent que Guérin lui avait succédé avant cette date. En 1268, Guérin passa en qualité d'abbé à Savigny où l'appelait le vœu unanime des moines de ce couvent ; il y mourut en 1280. Hervé de Chevreuse, seigneur de Maincourt, avait donné en 1262 à l'abbaye des Vaux cent livres tournois pour fonder une messe quotidienne, une coupe d'argent pour faire un calice et cent sous destinés à la pitance.

XII. — Thomas II reçut en 1275 la donation de cent arpents de bois à la Haye d'Yvette, libéralité d'Anseau de Chevreuse, fils d'Hervé.

XIII. — Roger, 1281-1286. Thibault de Marly, seigneur de Mondeville et neveu du saint abbé, légua en 1285 dix livres parisis de rente pour que l'on célébrât chaque jour une messe à l'intention de lui et de sa famille dans la chapelle où reposait le corps de saint Thibault ; il donna en outre cent sous pour la pitance au jour de son décès.

XIV. — Raoul, 1286-1289, fut inhumé dans la salle du chapitre. Dans la liste des abbés on ne comptait pas ceux qui avaient été appelés à d'autres fonctions : André, Gui, Guérin, ni même Arnaud qui fut abbé avant la réunion à l'ordre de Cîteaux ; c'est pour ce motif que Raoul qui était de fait le quatorzième abbé des Vaux était appelé le dixième sur son épitaphe.

XV. — Guillaume Ier gouverna l'abbaye de 1289 à 1305. Jean de Brienne, fils du roi de Jérusalem, légua au monastère le domaine de Charentonneau-lez-Paris. C'est en 1302 que fut enterré dans l'église abbatiale Michel, bourgeois de Neaufle, dont la tombe est figurée sur la planche XL et mentionnée au chapitre VII de la description de l'abbaye.

XVI. — Jean II reçut en 1310 de Béatrix du Bois, veuve d'Anseau, seigneur de Chevreuse, la donation d'un bois situé à Valence près de Dampierre pour une chapellenie et une messe par jour pardurablement. Les deux époux furent inhumés dans le cloître, l'un en 1304, l'autre en 1310. En 1314 fut faite l'acquisition de soixante-douze arpents de terre labourable près de Cernay. Simon de Chevreuse, seigneur de Dampierre, fit une donation de cinq arpents de pré. On pense que Jean II transféré à un autre siège abbatial quitta l'abbaye des Vaux avant sa mort.

XVII. — Philippe dirigea l'abbaye pendant cinq ans de 1316 à 1321.

XVIII. — Son successeur, Simon de Rochefort, 1321 à 1328, docteur en théologie, n'est guère connu que par son épitaphe singulière qui est transcrite au chapitre VII et reproduite sur la planche XXXVII.

On trouve dans l'Itinéraire des rois de France la mention de plusieurs visites faites à l'abbaye des Vaux par Philippe le Bel, en 1306, Philippe V en 1320 et par Charles IV en 1324. Vers ce temps Pierre Maubert de Champ-Houdri choisissant sa sépulture dans l'église Notre-Dame-des-Vaux-de-Sarnay, lui légua tous les biens qu'il possédait dans la ville de Sarnay et au terrouer de icelle.

XIX. — Pierre Ier obtint en 1333 des lettres de sauvegarde. Ces lettres données par Philippe de Valois, furent vidimées plus tard par plusieurs rois, et en dernier lieu par Louis XII.

XX. — Jean III dirigea l'abbaye de 1348 à 1364, puis il devint abbé de Fontaines-les-Blanches en Touraine et se retira peu de temps après aux Vaux de Cernay où il mourut vers 1367.

XXI. — N... On ne connait pas le nom du successeur immédiat de Jean III.

XXII. — En 1377 l'abbé se nommait Simon.

XXIII. — N...

XXIV. — Guillaume II. Les guerres qui désolaient la France depuis l'avènement des Valois avaient rendu très précaire la situation de l'abbaye des Vaux ; aussi, en 1384, on voit l'abbé inscrit au nombre des personnes qui sont dans l'impossibilité absolue de payer la procuration de 12 livres due à l'évêque de Paris.

XXV. — Sous Étienne, abbé en 1391, et en raison de la diminution de ses revenus, l'abbaye se vit soulagée par le chapitre général d'une partie de l'impôt qu'elle avait coutume de payer.

XXVI. — Pierre II de Montreuil, abbé après l'année 1407, vécut jusqu'en 1413.

XXVII. — Hugues du Mesnil était originaire du village de ce nom, situé à 7 kilomètres au nord du monastère.

XXVIII. — Jean IV de la Salle de Gallardon, professeur de théologie, gouverna l'abbaye à une époque où elle se trouvait dans une si grande détresse, qu'il prit des engagements et emprunta de tous côtés. Il fut désigné en 1430 avec quelques autres abbés pour représenter l'Ordre de Cîteaux au concile de Bâle, mais la mort le surprit avant qu'il eût pu s'y rendre.

XXIX. — Dominique de Beaune, 1431-1452, parvint à payer quelques-unes des dettes contractées par son prédécesseur. Après avoir fait reconstruire le cloître de la lecture et réparer son monastère malgré le malheur des temps et le peu de ressources dont il disposait, il mourut à Paris dans une des maisons que la communauté possédait rue du Foin, près le palais des Thermes. Dominique de Beaune fut enterré aux Vaux de Cernay dans le cloître de la lecture auprès de la porte de l'église.

On trouve dans une enquête faite en 1462 des dépositions qui constatent la désolation de l'abbaye et des environs de Chevreuse pendant les guerres du XVe siècle. Les passages que nous reproduisons ici peignent cette situation douloureuse avec une naïveté qui a bien son éloquence :

« Durant les guerres et divisions qui ont couru et duré en ce royaume de France par l'espace de plus de trente-six ans, lesdites guerres furent si grandes et esnormes, tant ou pays de Jozas que ou pays chartrain, auquel païs de Jozas ladite abbaye des Vaulx de Cernay est située et assize, que il n'estoit homme ne femme qui osast aller ne converser en ladite abbaye ne au pays d'environ ; et en ladite abbaye il n'y demeuroit homme ne femme ; et n'y avoit en icelle que ung povre religieux, viel et ancien, qui vivoit à grand paine et misère, lequel c'y est tenu par l'espace de plus de XII ans, tout seul, sans abbé, ne autres religieux que lui, et tout par la fortune desdites guerres et divisions..... »

« Durant le temps des guerres, dit un autre témoin, icelle abbaye n'estoit comme point abbaye et n'y avoit nulz religieux qui ne feussent tous absentz par la fortune desdites guerres fors ung que on nommoit Dauxmichel, lequel y a esté tout seul par l'espace de X ou XII ans durant lequel temps madame de Chevreuse (Guillemette d'Estouteville, veuve de Jean, seigneur de Chevreuse, de Maincourt, de Maurepas, etc.) luy envoyoit du pain à vivre et ung peu de poix quand elle povoit y envoier. Et durant lesdites guerres, comme les gens d'armes estoient sur les champs, iceulx gens d'armes allèrent audit lieu des Vaulx et hostèrent ung pain audit Dauxmichel, que ladite dame de Chevreuse avoit envoié par aucuns de ses serviteurs et fust après plus de huict jours sans manger de pain, sinon que de l'arbe qui paissait comme une beste par force de povreté ; lequel Dauxmichel avait la barbe jusques à la sinture et sembloit mieulx estre homme sauvaige que autrement, de la povreté qu'il avoit soufferte et qu'il souffroit. »

XXX. — Thomas III Cordier ou de Limours quitta l'abbaye des Vaux en 1458 lorsqu'il eut été élu abbé de Pontigny.

XXXI. — Jean V de Rully de Saint-Gengoul depuis longtemps cellérier de l'abbaye fut choisi pour abbé en 1459. Il s'enfuit à l'abbaye du Trésor près de Vernon pendant que la peste ravageait le monastère des Vaux.

XXXII. — Jean VI était moine de Bellebranche en Anjou lorsqu'il devint abbé des Vaux. Il abdiqua en 1480 et se retira au lieu de sa profession avec une pension annuelle de vingt écus d'or.

XXXIII. — Jean VII le Chevrier reçut la bénédiction des mains de Louis de Beaumont, évêque de Paris, dans la chapelle du collège de Saint-Bernard. Ce fut un triste administrateur. Il aliéna les biens, et dissipa les revenus de son couvent. Il échangea l'abbaye des Vaux contre celle de l'Oratoire à Angers moyennant une pension annuelle que son ami et ancien cellérier, Michel Buffereau, promit de lui payer. Cette pension ne lui étant pas payée régulièrement, il entra à la tête de gens d'armes dans le monastère des Vaux et ne l'évacua qu'après avoir reçu son argent.

XXXIV. — Michel Buffereau dirigea l'abbaye des Vaux de 1494 à 1503. Le monastère reçut alors une donation très importante, la dernière que nous aurons à signaler. André Lasne, marchand, et Simonne, sa femme, demeurant à Trappes, donnèrent à l'abbaye le fief, terre et seigneurie nommé le fief de Greffiers, paroisse de Sonchamp, avec les fiefs, arrière-fiefs, cens, rentes, revenus, circonstances et dépendances dudit fief, lequel contenait 600 arpents de terre ou environ. Les donataires demandaient à être participants en tous les bienfaits, messes, prières, suffrages, et oraisons faicts et à faire en l'église des Vaulx et dans tous les monastères de l'Ordre de Cîteaux, et à être ensépulturés et inhumés dans l'église abbatiale. Il était stipulé en outre que l'abbé accompagné de quatre ou six religieux d'icelle abbaye serait tenu accompagner leurs corps depuis ladite ville de Trappes jusqu'à ladite abbaye des Vaulx. Aucune des cérémonies de l'enterrement n'avait été omise dans l'acte de donation. La planche XLI reproduit la tombe de ces généreux donateurs.

Sur le sceau de Michel Buffereau dont la matrice originale a été retrouvée, on voit les armoiries de l'abbaye, trois fleurs de lis rangées en chef et trois croissants montants posés 2 et 1 en pointe.

XXXV. — Pierre III Tessé 1503-1516, d'abord prieur des Vaux, fut élu abbé par les religieux ; mais Louis de Bourbon, évêque d'Avranches et abbé commendataire de Savigny, n'ayant pas été invité à cette nomination, prétendit que l'élection était nulle, et il plaça de son propre mouvement à la tête des Vaux de Cernay Richard Lecomte. Celui-ci étant mort l'année suivante, Louis de Bourbon nomma pour le remplacer Michel du Bois-Bunel qui ne renonça à ses prétentions qu'en 1506. Pierre Tessé obtint du roi Louis XII l'établissement d'un marché auprès de l'Abbaye tous les mardis, et d'une foire franche à la fête de saint Thibault, le lundi de la Pentecôte.

XXXVI. — Jean VII des Monceaux ou de Bazemont fut élu abbé par les religieux en présence du vicaire d'Edmond, abbé de Clairvaux, et fut béni à Paris dans la chapelle du collège de Saint-Bernard. La validité de cette élection fut néanmoins contestée par Louis d'Estouteville, abbé de Savigny, qui opposa Ambroise Perret ; mais ce dernier se désista de ses prétentions dès l'année suivante et Jean put diriger paisiblement l'abbaye jusqu'à sa mort arrivée en 1522.

XXXVII. — Louis Ier Bajoue, originaire de Montfort, procureur des Vaux dès 1520, en devint abbé à 1522. Il confia la gestion des biens de l'abbaye à un ancien serviteur nommé Jean Piau.

En 1537 il obtint du Parlement de Paris l'autorisation de couper cinquante arpents de bois pour réparer son monastère. La somme considérable provenant de cette coupe fut employée en partie à la réfection des stalles du chœur, et probablement aussi à la construction luxueuse de la galerie méridionale du cloître. Louis Ier mourut en 1542 et fut le dernier abbé régulier des Vaux de Cernay.

II. — SITUATION DE L'ABBAYE AU XVIe SIÈCLE

La liste des abbés réguliers étant épuisée, et avant de faire connaître ce que devint l'abbaye sous le régime des abbés commendataires, il n'est pas sans intérêt de donner un aperçu des possessions et des revenus qui restaient au monastère des Vaux de Cernay vers le commencement du xvie siècle. Voici des indications sommaires tirées de la déclaration faite en 1511 :

Terre et seigneurie des Vaux de Cernay avec tout droit de justice haute, moyenne et basse, scel à contrats. Dans cette seigneurie il y a plusieurs étangs et moulins, les forêts de Vaindrain, de Tyvernon, du Prieur, de Foulteuse contenant près de 900 arpents ; le manoir appelé la Thuilerie avec 200 arpents de terre ; la Granche-Saint-Benoît, 300 arpents ; l'Essart-Robert, 350 arpents ; les Deux-Maisons ;

En la chastellenie de Beaurain, 400 arpents de bois ; 15 arpents de pré à Senlices ;

Au terroir de Cernay : bois, 30 arpents ; pré, 8 arpents ; terres, 227 arpents ; 3 maisons, dixmes, rentes en grain ;

En la chastellenie de Rochefort, le bois du Petit-Fouilleux, 52 arpents ;

Aux environs d'Athys-sur-Orge : vignes, 9 arpens ; maison et 2 pressoirs ; à Champlan : 4 arpents de pré ;

En la chastellenie de Malrepast : manoir et métairie nommée Ayte, maisons, chapelle, colombier, etc., 300 arpents de terre, 12 arpents de pré, et 6 autres pièces de terre, maison à Villeneuve, dixmes ;

Maison, cour et jardin à Saint-Arnoul ;

A Aunay-lez-Aulneau : rente de deux muids de blé et cent sols tournois ;

A Berchères la Maingot au bailliage de Chartres : manoir, ferme et métairie nommée l'Abbée, terres, 80 sextiers, bois et bruyères, 25 arpents ; dixmes.

Dans la chastellenie de Bruyères-le-châtel, hostel, manoir, chapelle, etc., nommé les Moines-Blancs ; terre, 7 arpents ; pré, 6 arpents ; vignes, 7 quartiers ; dixmes ;

Dans la chastellenie de Corbeil : manoir, ferme de Boullineau, 265 arpents. Manoir, ferme de Lavarville, avec 207 arpents. Hostel de Quinquempoix à Fontenay-le-Vicomte. Hostel de Roissy, avec 90 arpents de terre, 35 arpents de pré et la rivière où deux anciens moulins à drap avaient été convertis en moulins à papier près le vieil chastel d'Ormoy ;

Rente d'un muid de blé à Bandeville ;

En la chastellenie de Bretheucourt : dixmes à Boinville-le-Gaillard, maison grange et jardin. Cens et rente à Boigneville ;

Rente de 10 sols parisis sur le fief de Bailly ;

Au comté de Meulan, manoir de Broillat, 400 arpents de terre, pré et bois, une maison à Chappet, vignes à Roillart ;

En la prévosté de Montlehéry : le fief, terre et seigneurie de Crèches avec manoir, chapelle, maison, fosse à poisson et 710 arpents de terre. 40 arpents de terre près de Chaumusson. Le fief du Fay en la chastellenie de Saint-Clair de Gommelz ;

Fief de Charentonnel assis près le pont de Charenton en la vicomté de Paris, avec manoir, chapelle, hostel, etc., 65 arpents de terre avec la rivière de Marne et la pescherie d'icelle, isles et saulsayes ;

Rente de 4 livres parisis sur la recepte de Chartres. 10 sextiers de blé et 10 sextiers d'avoine en la paroisse de Craches ;

Ferme et mestairie des Ebisouers en la chastellenie de Neaufle-le-Chastel, 417 arpents de terre. Rentes d'un muy de blé, de 12 sols parisis et 10 livres parisis sur la seigneurie d'Edeville, l'abbaye de Morigny et la terre de Fontenay-lès-Baigneux. Rente de 12 sols à Gonnesse et de 6 livres tournois sur la prévosté de Gallardon ;

En la chastellenie de Rochefort, le fief de Greffiers contenant 607 arpents de terre ;

Fief de Saulsay en la paroisse de Jouy-lez-Chartres, 6 maisons et jardins à Chartres, 2 à Jouy ;

A Long-Chesne, grange dimeresse et manoir. Dixmes à Ronqueux, pré à Boullon

A Montlehéry un hostel et manoir; aux environs 13 arpents de pré;

Fief de la Bussière ou Montfaulcon, ou la Granche aux Moines, en la chastellenie de Montlehéry, avec 615 arpents de terre, 41 arpents de bois, 2 arpents de pré. Hostel, granche et bergerie à Abluys;

A Marly-le-Chastel, une maison, 16 arpents de pré, 3 arpents d'aulnaye, 4 arpents de pré;

Rente de 14 livres parisis sur les cens et revenus de Meullent;

A Saint-Germain de Morainville, au diocèse de Chartres, dixmes des grains et vins; la maison appelée la grange dixmeresse des Vaulx;

Rente de 6 sextiers de bled et 2 sextiers d'avoine à Maule;

Rente d'un muy de bled à Mondeville lez la Ferté Aleps;

Ferme et mestairie de Sainct Nom, près la Bretesche, deux hostels, granches, estables, etc., avec 212 arpents de terre, dixmes;

En la chastellenie de Gallardon, à Orfin, la maison des Vaux de Cernay, granches, court et jardin avec 200 arpents de terre environ et 52 arpents de bois;

Dans la ville de Paris, plusieurs maisons ès rue du Foin et de la Harpe nommée la granche du Palais des Thermes; les hostels Saint-Jean-Baptiste et du Franc-Rosier rue de la Parcheminerie; plusieurs autres maisons rue du Foin, rue du Feurre, rue des Murs près la porte Saint-Victor; une autre près l'église de Saint-Bon, et deux maisons en la rue Saint-Germain-l'Auxerrois;

Hostel et manoir de Prouverlu contenant maison, chapelle ancienne, granches, etc., avec 424 arpents de terre; et dixmes en la paroisse d'Abluys;

Hostel, ferme et manoir nommé Prémont près Vernon-sur-Seine, 80 journaux et 4 charruées de terre;

Maison, granche et jardin nommée l'Aulmosne, 3 sextiers de terre et dixmes à Voise en Beaulce;

Rente de 6 livres parisis sur la prévosté de Neaufle-le-Chastel, et de 100 sols parisis sur les cens et rentes de Villaines. Rente de 18 livres parisis sur le fief de Vertault en la chastellenie de Château-Landon ;

Héritages et dixmes en Normandie. A Vernon, grand hostel, manoir, chapelle, jardin. A Tilly, hostel et 20 acres de terre, hostel nommé Cernay, 80 acres de terre, cens et rentes, poulles, chapons, bled, avoine, vin, etc.

Rente de 18 sextiers d'avoine sur la terre de Chaveneul.

Si la situation de l'abbaye des Vaux de Cernay était encore assez prospère au point de vue temporel, il n'en était vraisemblablement pas de même sous le rapport religieux. Après avoir atteint son plus haut degré de développement et de ferveur au temps de saint Thibault de Marly, l'abbaye des Vaux avait dû ressentir comme les autres monastères les influences pernicieuses et le contre-coup des événements graves qui, peu à peu, amenèrent un relâchement général de la discipline monastique.

La richesse territoriale dont les communautés disposaient fut le premier écueil contre lequel vint se briser la rigueur de l'observance. Puis le trouble et la perturbation furent introduits dans les monastères par des guerres incessantes, par les invasions des Anglais et de leurs alliés. Quand on pense à la misère générale, à la destruction des campagnes, au pillage des moissons et à l'impossibilité si longtemps prolongée de cultiver la terre avec quelque sécurité, on ne saurait s'étonner du désordre qui régnait au xv° siècle dans la plupart des établissements religieux. Les moines pour se soustraire à la fureur des soldats, aux violences des bandes indisciplinées, abandonnaient leur cloître pour se réfugier dans les villes fermées : là, vivant à leur fantaisie, chez leurs parents, ou dans des maisons qui ne pouvaient réunir les conditions indispensables pour la régularité de la vie religieuse, ils prirent toutes les manières, les sentiments et la mollesse des séculiers. Le grand schisme d'Occident fut aussi une cause de relâchement. Il y eut souvent deux généraux comme il y avait deux papes, et chaque général cherchait à ménager les maisons qui s'étaient prononcées pour sa juridiction.

Mais ce qui porta le coup le plus funeste aux institutions monastiques, ce fut la généralisation de la commende, et il est juste de reconnaître que cette cause de décadence fut entièrement distincte et indépendante du fait des monastères. Dans l'origine la commende avait eu pour but de parer aux inconvénients que produisaient les vacances des sièges et le retard apporté dans l'élection des abbés ; mais plus tard, dès le xv° siècle, cette institution fut faussée, et, comme l'a dit éloquemment l'auteur des *Moines d'Occident*.

« La commende lèpre de l'ordre monastique, atteignit à partir du xvi° siècle des proportions honteuses et formidables. Elle avait pour résultat de livrer le titre d'abbé avec la plus grande partie des revenus d'un monastère à des ecclésiastiques étrangers à la vie régulière, trop souvent même à de simples laïques pourvu qu'ils ne fussent pas mariés..... Aux désordres partiels que l'élection avait entraînés, la nomination directe par les rois, conférée par le concordat, substitua un désordre universel, radical et incurable. Le titre d'abbé porté et honoré par tant de saints, tant de docteurs, tants d'illustres pontifes, tomba dans la boue. Il n'obligeait plus ni à la résidence ni à aucun des devoirs de la vie religieuse. Il ne fut plus qu'une sinécure lucrative dont la couronne disposait à son gré, ou au gré de ses ministres, et trop souvent au profit des passions ou des intérêts les plus indignes. »

C'était une confiscation déguisée plus désastreuse que ne le fut celle de 1790. Dans le concordat conclu entre Léon X et François Ier il était bien stipulé qu'en cas de vacance le roi devait nommer abbé un religieux du même ordre et âgé d'au moins vingt-trois ans. Nous allons voir que ces sages prescriptions ne furent jamais observées pour l'abbaye des Vaux de Cernay et quel usage certains rois de France firent des biens qui avaient été donnés pour glorifier Dieu et soulager la misère des pauvres.

III. — ABBÉS COMMENDATAIRES

XXXVIII. — Le premier abbé commendataire des Vaux fut Antoine Sanguin, cardinal de Meudon, qui dut sa fortune à la honteuse faveur de sa nièce la duchesse d'Étampes. Il y avait alors aux Vaux de Cernay vingt-deux religieux auxquels le nouvel abbé assigna une faible somme pour leur entretien et leur nourriture. Il leur donna pour prieur Robert de Thumery, un de leurs frères et probablement un descendant ou un parent de ce Robert de Thúmery qui avait vendu la terre de Dampierre au trésorier Jean Duval vers 1528. Le cardinal fit dresser un inventaire des chartes relatives aux Vaux de Cernay; mais lui et les siens vexèrent les religieux de toute manière. Cependant l'abbaye ayant été en grande partie consumée par les flammes en 1556, il en fit réparer environ la moitié. Il mourut en 1559.

XXXIX. — Louis II Guillard fut nommé abbé des Vaux peu de temps après. Ce prélat, d'abord évêque de Tournay, puis de Chartres, avait été transféré au siège de Châlons en 1553. Il résigna la commende de l'abbaye des Vaux en 1561 en faveur de son neveu qui suit.

XL. — Charles Guillard fut évêque de Chartres après son oncle. Il prit possession de l'abbaye des Vaux à une époque malheureuse, car, l'année suivante, elle fut ravagée par les hérétiques. Au lieu de venir en aide aux religieux, il aggrava encore leur misère, et aliéna une partie de leurs biens. Il prit pour prétexte la nécessité de payer les lourdes taxes imposées à l'abbaye. En 1564 l'abbaye des Vaux avait été taxée par le clergé de France pour subvention à la somme de 3,075 livres ; en 1569 la taxe s'éleva à 6,060 livres tournois. Charles Guillard était notoirement entaché d'hérésie. Le 1ᵉʳ novembre 1572 il amena à Chartres un religieux des Vaux et le fit prêcher en sa présence. Ce cistercien ayant avancé des propositions suspectes, il s'éleva dans l'auditoire une très grande rumeur, si bien qu'évêque et prédicateur quittèrent la cathédrale et furent poursuivis avec des huées et des pierres jusqu'au faubourg de la porte Guillaume. L'évêque n'osa plus revenir à Chartres ; il mourut à Paris quelques mois après et fut enterré dans l'église de Villeneuve-sous-Dammartin. La dalle qui recouvre sa sépulture est remarquable par sa décoration en mastics colorés. Vers cette époque les religieux des Vaux adressèrent une supplique au Parlement de Paris au sujet des ruines des bâtiments du monastère.

XLI. Mathurin Vincent, chapelain du roi, succéda à Charles Guillard, et, comme lui, vendit une partie des biens de la communauté, en abusant du même prétexte de taxe et de subvention. Les religieux furent réduits au nombre de quinze. En 1587 il échangea avec François, cardinal de Joyeuse, l'abbaye des Vaux de Cernay pour celle de Saint-Savin au diocèse de Poitiers.

XLII. — Le cardinal de Joyeuse avait à peine pris possession de l'abbaye des Vaux qu'il permuta avec Philippe Desportes qui venait d'obtenir l'abbaye d'Aurillac.

XLIII. — Le poète Philippe Desportes fut comblé de faveurs par Henri III qu'il avait accompagné en Pologne. Les abbayes de Tiron, de Josaphat, de Bonport et des Vaux de Cernay composaient à Desportes un revenu de dix mille écus, somme énorme pour le temps. Après la mort de Henri III il suivit le parti de la Ligue, ce qui le fit maltraiter par les auteurs de *La Satire Ménippée,* mais il se rapprocha ensuite d'Henri IV, s'efforçant de justifier sa conduite en prétendant que s'il avait feint de suivre la Ligue, c'était pour être plus à même de servir le roi.

Desportes augmenta tout d'abord la pension des religieux des Vaux. Cette restitution était sans doute bien légère puisqu'en 1606, un mois avant la mort de l'abbé, les religieux visités par les délégués du général de l'ordre affirmèrent « en leur conscience qu'il leur estoyt impossible de vivre désormays et s'acquitter de leur debvoir pour la célébration du service divin et autres charges concernantes leur estat et vacation, s'il ne leur est autrement pourvu de vivres et vestiaires qu'il ne leur a par cy devant esté administré pendant ces neuf dernières années. » Le nombre des religieux qui était de vingt et un vers 1580 avait été réduit à dix-huit, à quinze, puis à douze sur les remontrances intéressées faites par l'abbé commendataire. Les bâtiments réguliers étaient en très mauvais état faute de couvertures et pour n'avoir pas été réparés depuis quarante années.

Il est probable que Desportes fit quelques séjours aux Vaux, surtout après 1602, quand son frère, Thibaut Desportes, grand audiencier de France, eut acheté le château de Bévilliers (maintenant Breteuil), situé à 7 kilomètres sur la hauteur, près de Choisel. Philippe Desportes mourut à Bonport, en 1606. On voit au Louvre parmi les sculptures de la Renaissance, n° 159, le médaillon de bronze provenant du tombeau que Thibaut Desportes fit élever à la mémoire de son frère dans l'église abbatiale de Bonport; le monument entier avait été transféré au Musée des monuments français et portait le numéro 546. Sur un piédestal couvert d'une longue inscription, reposait un piédouche orné d'un médaillon de bronze reproduisant les traits du poète. Il servait de support à une colonne de marbre noir et blanc, dit grand antique, surmontée d'un globe et d'une croix. Vers le milieu du fût, on avait tracé trois portes sur un écusson entouré de lauriers et surmonté d'une crosse abbatiale (Pl. XLVIII).

Après avoir parlé de Desportes comme abbé des Vaux, nous allons dire quelques mots du poète.

Philippe Desportes, né à Chartres en 1546, appartient à cette seconde école poétique qui substitua à l'imitation grecque et latine de Ronsard et de ses contemporains, l'imitation italienne avec ses pointes, ses grâces un peu affectées. C'est un poète correct, gracieux, élégant, mais qui manque le plus souvent d'invention et d'originalité. Arrivé à la fortune, il fut l'ami serviable, le protecteur généreux de la plupart des savants et des poètes de son temps. Malheureusement le sens moral lui faisait défaut, et il n'y a rien de plus corrupteur que ses poésies païennes qui firent les délices de la cour dissolue des derniers Valois. Sur la fin de sa vie, il ne composa plus que des poésies chrétiennes et une traduction des Psaumes dont saint François de Sales et Scévole de Sainte-Marthe faisaient grand cas. En écrivant l'histoire de la *Littérature française*, M. F. Godefroy a consacré un très judicieux chapitre à cet auteur; voici comment il apprécie les dernières poésies de Desportes :

» Dans quelques-unes de ses prières et méditations, on sent un accent réellement ému, une onction pénétrante. Entendez-le regretter les frivolités et les désordres de sa vie passée et s'écrier vers Dieu à la pensée de l'éternité :

> Je ressemble en mes maux au passant misérable
> Que des brigands pervers la troupe impitoyable
> Au val de Jéricho pour mort avait laissé.
> Il ne pouvait s'aider, sa fin estoit certaine,
> Si le Samaritain, d'une âme tout humaine,
> N'eust estanché sa plaie et ne l'eust redressé.
>
> Ainsi, sans toi, Seigneur, vainement je m'essaie ;
> Donne m'en donc la force et resserre ma plaie,
> Purge et guéris mon cœur que ton ire a touché,
> Et que ta sainte voix qui força la nature,
> Arrachant le Lazare hors de la sépulture,
> Arrache mon esprit du tombeau de péché.
>
> Fais rentrer dans le parc ta brebis égarée,
> Donne de l'eau vivante à ma langue altérée,
> Chasse l'ombre de mort qui vole autour de moi ;
> Tu me vois nu de tout, sinon de vitupère ;
> Je suis l'enfant prodigue, embrasse-moi, mon père.
> Je le confesse, hélas! J'ai péché devant toi!...

Ne sont-ce pas là, cinquante ans à l'avance, des accents dignes de Corneille ? Ni Malherbe, ni Rousseau, ni Lefranc de Pompignan n'ont tiré de leur cœur des plaintes aussi vraies, n'ont trouvé de si mélodieux accords.

Le poëte satirique Mathurin Régnier était neveu de Desportes. A la mort de son oncle, en 1606, il obtint par la protection du duc de Béthune une pension de deux mille livres sur l'abbaye des Vaux de Cernay.

XLIV. — Henri de Bourbon de Verneuil, fils naturel d'Henri IV et de Catherine-Henriette de Balzac, marquise de Verneuil, né en 1601, recueillit l'héritage de Desportes auquel le roi ajouta les abbayes de Saint-Germain-des-Prés, de Fécamp, d'Ourscamp, de Saint-Taurin et l'évêché de Metz. Il résigna tous ces bénéfices en 1668 pour épouser Charlotte Séguier, veuve du duc de Sully. Il mourut en 1682.

Le duc de Verneuil faisait chaque année un séjour de quatre mois à l'abbaye des Vaux. Il restitua aux moines divers biens que l'économe leur avait soustraits, 1622. Après avoir augmenté leur pension en 1629 et en 1650, il fit avec eux le partage des biens du couvent en 1662. Voici quelles étaient ordinairement les conditions de ces partages. Les biens devaient être divisés en trois lots, l'un était pour l'abbé, un autre pour les religieux, le troisième était affecté aux réparations et aux charges communes; c'était l'abbé qui en avait la disposition. Aucune aliénation ne pouvait être faite sans le consentement commun.

Durant le long abbatiat d'Henri de Verneuil, un changement important s'opéra dans le régime intérieur de l'abbaye des Vaux, donna une vie nouvelle, un nouveau lustre à l'antique monastère.

Dès la fin du xve siècle, les ordres religieux avaient commencé à sentir le besoin de revenir à l'observance des règles primitives. Ce retour s'accentua encore à la suite des luttes contre les hérétiques et sous l'impulsion salutaire et vivifiante du concile de Trente. On sait que le commencement du xviie siècle fut pour la France catholique une époque de renouvellement, de vitalité, de grandeur. En 1615 dom Denis l'Argentier, abbé de Clairvaux, rétablit dans son abbaye les anciennes austérités de l'Ordre, l'abstinence perpétuelle, le jeûne continu depuis le 14 septembre jusqu'à Pâques, les paillasses pour lit, la simplicité des habits, le travail des mains, le silence exact, les veilles et autres exercices de pénitence.

Parmi les monastères de la filiation de Clairvaux qui s'empressèrent les premiers de suivre le courageux exemple de la maison-mère, on compte les abbayes de Longpont, de Cheminon, de Châtillon, de Vaucler, de la Charmoie, de Prières, de la Blanche, des Vaux de Cernay. Soutenus par le pape et par le roi, *les Réformés* obtinrent la permission de tenir leur première assemblée dans l'abbaye des Vaux de Cernay, au mois de juillet 1624 ; c'est là qu'ils dressèrent les premiers statuts de *l'Etroite observance*.

En 1642 plus de quarante monastères avaient reçu la réforme. Il y eut des controverses animées entre les *Réformés* et les *Mitigés* jusqu'en 1666. La paix et l'unité furent rétablies dans l'Ordre de Citeaux par le bref d'Alexandre VII qui régla les rapports mutuels des deux observances. La régularité reparaissant partout raviva la ferveur et rendit à l'Ordre sa vieille considération.

XLV. — Jean-Casimir, roi de Pologne, abdiqua après la mort de sa femme, se retira en France et reçut de Louis XIV les abbayes dont Henri de Bourbon venait de se démettre. Un curé de Cernay-la-Ville, nommé Houdin, a écrit « pour la postérité » un intéressant récit de la prise de possession de l'abbaye des Vaux de Cernay faite au nom du roi de Pologne. « Au diner, dit-il, le régalle en poisson fut fort beau, et la santé de Sa Majesté Polonoise y feut beuc chappeau bas, et ensuitte de la compagnie... Deux choses sont remarquables en cette occasion dans une mesme année : un Roy quitte ses estats pour se faire d'église, et un prince quitte pour cent mille escus de rentes de bénéfices à l'aage de 67 ans pour se marier. » Lorsque Jean-Casimir vint visiter l'abbaye le 12 novembre 1671, il fut reçu par la communauté avec un cérémonial royal ; il mourut l'année suivante.

XLVI. — En 1673 Armand-Louis Bonnin de Chalucet, fils du gouverneur de Nantes, fut nommé abbé commendataire des Vaux de Cernay, grâce à la protection de Guillaume de Lamoignon, premier président du Parlement de Paris. La sœur du nouvel abbé venait d'épouser Nicolas de Lamoignon, comte de Launay-Courson et fils du président. L'abbé de Chalucet devint évêque de Toulon en 1684 et mourut en 1712. Le souvenir de ses vertus, de sa charité, de son intrépidité pendant le siège de Toulon, a été conservé par une inscription posée dans l'hôtel de ville. C'est lui qui fit construire le nouvel hôtel abbatial sur le territoire chartrain, à cent trente mètres de la façade de l'église. Cet hôtel servit quelquefois de maison de campagne à Guillaume de Lamoignon.

Charles Louvet, prieur des Vaux en 1680, a laissé un procès-verbal de l'état des lieux réguliers au temps de son installation. On trouve aussi dans son journal, de 1680 à 1689, quelques faits intéressants. En 1681, 1685 et 1687 le Dauphin vint plusieurs fois prendre la collation aux Vaux pendant les chasses au loup. La note suivante signale un abus de pouvoir très regrettable.

« En juin 1685, nous avons fait desmolir une des granges de notre ferme de Saint-Nom qui estoit prest de tomber par sa caducité, n'ayant pas trouvé à propos de la rebastir, tant à cause que le Roy a pris quantité des terres de ladite ferme (30 arpents) pour employer et enfermer en son parc de Versailles, comme aussi à cause de la difficulté d'avoir des ouvriers et matériaux, qui sont tous occupés dans les ouvrages que le Roy fait à Versailles, jusques-là mesme qu'on oblige les ouvriers d'y aller travailler, et on ne permet pas qu'ils s'occupent aux besoignes des particuliers. »

Dans le *Recueil des Bénéfices* publié en 1690 par Jacques Lepelletier on lit que l'abbaye des Vaux est taxée en cour de Rome à 33 florins et un tiers, et vaut par an à l'abbé 7,000 livres.

XLVII. — CHARLES MAURICE DE BROGLIE, fils de Victor de Broglie, maréchal de France et de Marie de Lamoignon, était neveu de la sœur de l'abbé de Chalucet. Il lui succéda en 1712 comme abbé commendataire des Vaux ; il eut aussi la commende de Beaulme-les-Moines et du Mont Saint-Michel, il fut en outre chevalier de Malte et agent général du clergé de 1710 à 1720. Il mourut en 1766.

XLVIII. — Le dernier abbé des Vaux de Cernay, LOUIS-CHARLES DUPLESSIS D'ARGENTRÉ, évêque de Limoges depuis l'année 1759, émigra pendant la Révolution et mourut à Munster en 1807.

Par le décret du 19 et du 20 janvier 1790 l'Assemblée nationale avait accordé aux religieux la faculté de continuer la vie monastique et avait alloué une pension à ceux qui préféreraient rentrer dans le monde. Il y avait alors aux Vaux de Cernay douze religieux, tous prêtres et originaires pour la plupart de la Flandre; le prieur était Bernard de Carville. Ils quittèrent l'abbaye le 19 janvier 1791.

L'Etat prit alors possession des domaines qui en dépendaient, et le 18 octobre 1792, la maison conventuelle, bâtiments, cours, enclos contenant environ 18 arpents tant en jardin potager et fruitier, qu'en prés, bosquets, bois et canaux, le tout d'un seul tenant, la glacière et un arpent de terre qui l'entoure sise aux Vaux, furent adjugés comme bien national pour le prix de 36,200 francs payables en assignats.

L'année précédente, au mois de mai, la maison abbatiale avait été adjugée pour la somme de 14,200 livres.

Nous terminons ce résumé historique en donnant des extraits du partage fait en 1736 entre les religieux des Vaux de Cernay et Ch. Maurice de Broglie, abbé commendataire. Ce document resté inédit établit approximativement la situation de l'abbaye au milieu du xviii° siècle peu de temps avant sa suppression.

On fit trois lots égaux des biens, domaines et revenus de l'abbaye sujets à partage et qui ne sont pas chargés d'obits et fondations. L'un des lots sera choisi par l'abbé pour la mense abbatiale, un autre par les religieux pour leur mense conventuelle et le troisième demeurera indivis pour l'acquit des charges.

Le logis abbatial, la basse-cour, le jardin haut et bas et parc entouré de murailles, et les maisons adjacentes au dit logis, savoir : la maison du jardinier, du maréchal, du cordonnier, n'entreront pas en partage.

Les lieux réguliers, le colombier, jardin haut et bas, prés au milieu, bois, broussailles, enfermés de murailles desquels dépendent dans la basse-cour la maison de la blanchisseuse, celle du jardinier adjacente à la grange dont moitié aux religieux, la maison du souffleur d'orgues, du menuisier, du limousin proche de l'abreuvoir, n'entrent pas pareillement dans la masse ci-après.

Masse des biens à partager

Un cabaret consistant en un corps de logis, une chambre au-dessus de la porte Notre-Dame, une maison à côté de la porte du côté du logis abbatial, la moitié de la grange attenant au cabaret, le monopole de la vente du vin, les terres, prés, aulnaies, entre la rivière et la Haye de Neaufle depuis le parc des religieux jusqu'au Grand Moulin, revenu évalué à 450 livres.

* Le moulin dans la basse-cour, logis, écurie, etc., estimé attendu la diminution du glacis de l'étang de six pouces pour éviter contestation, revenu annuel . . 300 livres

La ferme de la Tuilerie	1,750 —
— des Charmes	1,000 —
* — de Saint-Robert	80 —
— de la Doardière et la petite ferme de Cernay	1,235 —
Le petit moulin ou moulin de Hotton	400 —
Le grand moulin avec le grand étang ou des Rochers	600 —
* La ferme de Saint-Benoît rebâtie depuis quarante ans	1,100 —
La ferme des Deux-Maisons	150 —
— des Vallées	300 —
* Étang de la basse-cour des Vaux contenant 17 arpents environ, l'étang des fontaines et l'étang de la Dalonnerie	100 —
* Petites dîmes de Cernay, de la Galonnerie	90 —
* Pré à Senlisse	150 —
La ferme des Maries, ou de la Prévosterie	100 —
— de Gometz	1,500 —
— de Feuillarde	450 —
— de la Grange-aux-Moines	1,400 —
* — d'Athis	450 —
La ferme de Roissy	250 —
— de Venant près Dourdan	700 —
* — de Provelu près d'Ablis	1,300 —
* — de Berchères	400 —
— de la Charmoye près Gazeran	450 —
* — de Saint-Nom-la-Bretèche	1,425 —
— des Ebisoirs	1,700 —

Rentes et dîmes

Les quatre maisons de Paris	3,000 —
* Dîmes de Saint-Germain de Morainville	400 —
— de Vernon	200 —
* — d'Orfin	70 —

Rentes en blé

* A Roinville un muid de blé.	100	livres
A Mondeville —	100	—
* A Maule —	50	—
A Boigneville —	50	—
* A Edeville —	60	—
* A Crèches —	35	—

Rentes en argent

* A Marly.	200	—
* Au Pommeret.	400	—
A Prémont	50	—
Rente sur le clergé à la suite de l'échange fait avec M. de Pontchartrain pour supplément de l'échange de la ferme d'Ayte avec celles de Gometz et de Feuillarde.	80	—
Indemnité payée par M. le comte de Toulouse pour les routes faites dans les terres et les bois de l'abbaye.	180	—
Les bois taillis exploités à dix-huit ans sont partagés en trois lots, ils donnent un revenu de.	1 300	—

Les religieux avaient acquis de leurs deniers et depuis les Commendes : la ferme de Foucherolles.

348^l, 14^s, 4^d. de rente sur les tailles de la Généralité de Paris provenant du tiers des bois vendus en 1718 et en 1719.

25 livres de rente, remboursement de trente arpents de terre enfermés dans le parc de Versailles, démembrés de la ferme de Saint-Nom.

43 livres et 78 livres de rentes.

Le total de la masse des biens et rentes à partager est de **23,817** livres, chaque lot donne un revenu de 7,939 livres. Le troisième lot choisi par les religieux comprenait les dix-neuf articles qui sont précédés d'une astérisque.

Sur le tiers lot restant à l'abbé, il doit payer aux religieux 4,160 livres dont voici l'emploi :

1° Pour l'acquit des messes abbatiales 160 livres ;

2° Pour l'entretien de cire, chandelles, lampes, pain, vin, blanchissage et raccommodage du linge de l'église, chappes, chasubles, tuniques, étoles des cinq couleurs, tapis, missels, antiphonaires, psautiers, cordes, etc., 900 livres ;

3° Gages du sacristain, sonneur, et nourriture d'un petit garçon pour servir les messes, 200 livres ;

4° Aumônes trois fois la semaine et tous les jours aux passants. Gages du boulanger, portier et aumônier, hospitalité des hôtes survenant presque tous les jours, gages de l'hospitalier et de son aide, 1,000 livres ;

5° Gages du médecin, chirurgien, apothicaire, drogues, infirmier et son aide ; visites des supérieurs de l'Ordre, contributions, organiste, facteur d'orgues deux fois l'année et entretien, 400 livres ;

6° Pour toutes les réparations grosses et menues, sauf les deux cas uniques, savoir le feu du ciel, incursion d'armée ennemie, ou campement de nos troupes, auxquels cas seulement le restant du tiers lot (3,779 livres) sera affecté, 1,500 livres.

La chasse appartenait à chacune des parties sur leurs terres. L'un des trois gardes forestiers était nommé par les religieux. Les officiers de la justice étaient nommés alternativement par l'abbé et par les religieux.

La déclaration faite en 1756 aux députés et syndic en la Chambre ecclésiastique du diocèse de Paris contient aussi quelques détails intéressants

Les revenus de la mense conventuelle s'élèvent à la somme de 11,140 livres.

L'extrait du tiers lot pour les réparations claustrales étant de 5,232 livres, on trouve un total de 16,372 livres.

Les charges s'étaient accrues

Pour le chirurgien apothicaire.	200 livres
Visites des supérieurs de l'Ordre	150 —
Gages de l'organiste, du souffleur et du facteur d'orgue.	640 —

Il y a aussi quelques renseignements sur les gages des serviteurs dont le nombre avait augmenté en raison de la dimuntiion du nombre des moines ; beaucoup de fonctions remplies autrefois par des religieux, étaient depuis la commende confiées à des mercenaires.

Cuisinier	320 livres
Aide de cuisine	130 —
Garçon de M. le Prieur	150 —
Valet d'écurie et de basse-cour	120 —
Portier, tailleur et son garçon	150 —
Garçon de salle et pour les hôtes	150 —
Blanchisseuse	220 —
Jardinier et son garçon	400 —

Le nombre des religieux était de douze en 1756, et trois que l'on entretenait aux études. Les religieux étrangers et les hôtes étant très nombreux à cause de la proximité de Paris, on considérait qu'il y avait toujours deux places occupées.

Après avoir rappelé les faits les plus marquants de l'histoire de l'abbaye des Vaux de Cernay, nous allons passer à la description des ruines et tâcher même de faire connaître les parties du monastère qui ont été détruites depuis l'époque où l'Ordre de Cîteaux, malgré tant de services rendus à la civilisation, a été dépossédé de ce domaine.

DESCRIPTION

I. — INDICATIONS GÉNÉRALES

La vallée de Cernay dont une partie se nommait au xii° siècle Vallée de Bric-Essart, commence au-dessus d'Auffargis, et rencontre à Dampierre la vallée de l'Yvette. Elle suit assez régulièrement la direction du couchant au levant en inclinant un peu vers le midi, jusqu'auprès de Cernay-la-Ville, et là, tournant à angle droit, elle se resserre, forme une gorge très appréciée par les artistes avant d'atteindre Senlisse et le parc de Dampierre.

Du sol humide et souvent marécageux s'épandent des sources nombreuses qui donnent naissance au ruisseau des Vaux. Ce ruisseau arrêté dans son cours forme quelques étangs et met en mouvement plusieurs moulins.

La vallée est étroite; sa largeur près de l'abbaye ne dépasse pas 400 mètres. Les côteaux qui la bornent ont près de 170 mètres d'altitude et sa profondeur est de 42 mètres environ. Elle a été creusée par les eaux dans les couches supérieures du terrain de l'époque tertiaire. Une couche puissante de sable porte un banc de grès dont les éboulements sur les pentes présentent des aspects pittoresques ; au dessus se trouvent les argiles et les meulières. Aussi le grès et la pierre meulière sont-ils les matériaux presque exclusivement employés aux constructions du pays (1).

---

(1) Les carrières du bois des Maréchaux exploitées maintenant pour le compte de la ville de Paris fournissent chaque année 750,000 pavés.

Les penchants des coteaux sont couverts de bois, démembrements de l'ancienne forêt Iveline, se prolongeant encore assez loin dans la plaine. Au nord se trouvent les bois des Cinq cents Arpents, le bois des Vignes, celui de la Vieille-Bonde, puis les bois des Maréchaux au-dessus de l'étang Guillier ou du Grand-Moulin. Ces derniers bois prirent ce nom lorsque le titre, ou plutôt le surnom de Maréchal de la Foi fut devenu héréditaire dans la maison de Lévis. Sur l'autre bord de la vallée, à l'ouest et au midi sont les bois des Vindrins, le bois de la Vallée de Pesery où l'on a cru reconnaître le passage d'une ancienne voie et la Haye de Neaufle.

Les villages les plus rapprochés, Cernay, *Sarnetum*, à 3 kilomètres au levant, et Auffargis, *Ulfrasiagas*, à 4 kilomètres vers le couchant, ont eu une origine fort ancienne puisqu'ils sont désignés avec Vieille-Eglise, Coignières et Lévis dans deux diplômes des années 768 et 774 par lesquels Pépin le Bref et Charlemagne firent et confirmèrent à l'abbaye de Saint-Denis la donation de la vaste forêt Iveline. Dans le voisinage, l'abbaye de Claire-Fontaine avait été fondée en 1102, et le prieuré de Haute-Bruyère peu d'années après.

C'est dans ce vallon solitaire et quelque peu sauvage que fut fondée au commencement du xii° siècle l'abbaye de N.-D. des Vaux de Cernay. Le xi° siècle fut une époque de réforme et de rénovation dans la vie monastique. Les ordres qui prirent naissance alors, les ordres de Grandmont, de Cîteaux et celui de Savigny, pour réagir contre la vie trop mondaine et trop littéraire des grandes abbayes bénédictines, ces ordres austères, disons-nous, recherchaient les bois et les vallées écartées. Aussi, on a pu dire :

> Bernardus valles, colles Benedictus amabat,
> Oppida Franciscus, magnas Ignatius urbes.

Si Benoît aimait les collines, François les villes, Ignace les grandes cités, Bernard donnait la préférence aux vallées.

L'emplacement de l'abbaye des Vaux de Cernay touchait à la limite de l'ancien diocèse de Paris, et, maintenant encore, le chemin qui traverse la vallée et sépare les deux parcs se trouve entre les communes de Cernay-la-Ville et d'Auffargis. L'abbaye fait partie du canton de Chevreuse, l'hôtel abbatial appartient au canton de Rambouillet.

La planche 1 *bis* donne d'après le cadastre un plan d'ensemble à l'échelle de 1 mètre pour 2,500. Sur cette feuille sont réunis tous les bâtiments de l'abbaye avec leurs dépendances et une grande partie du jardin, le logis abbatial, le hameau et les portes qui le protégeaient.

Le chemin de Cernay à Auffargis longe au midi le mur des deux enclos; un autre chemin, celui des Maréchaux traverse la vallée au levant; le chemin du Grand Moulin aux Vaux, puis l'étang de l'abbaye sont les limites au nord ; enfin dans les derniers temps, on trouvait au couchant la faisanderie et un large fossé.

Ces deux enclos ont une étendue à peu près égale. En descendant par le chemin qui les sépare, on passe d'abord sous la porte du hameau, puis sous la porte de l'abbaye ou porte Notre-Dame; laissant à gauche le logis ou hôtel abbatial, on voit à droite le pignon ruiné de la grange, la belle façade de l'église, le logis du prieur, celui des convers, les portes de la basse-cour, le moulin. On longe ensuite à gauche, le lavoir établi au bord de l'étang, et on arrive au bout de la chaussée au pont et aux fortifications légères qui défendaient la porte du nord.

L'enclos de l'abbaye d'une forme irrégulière, rétrécie au levant, présente dans ses principales dimensions les mesures suivantes : au couchant 400 mètres environ, au nord 580 mètres, au levant 150 mètres et 550 mètres au midi. La superficie est évaluée à dix-huit arpents.

Pour rendre la description aussi claire que possible, nous nous proposons de faire connaître tout d'abord les lieux réguliers, les principaux services groupés autour du cloître, pour continuer par les constructions extérieures et finir par l'hôtel abbatial. Nous résumerons en quelques lignes les articles de la règle et les usages de Cîteaux applicables aux exercices et aux occupations des religieux dans chacune de ces parties du monastère. Voici l'ordre des matières :

INDICATIONS GÉNÉRALES

Chapitre I. — Indications générales.
— II. — L'église.
— III. — Le bâtiment du dortoir.
— IV. — Le réfectoire et la Galerie.
— V. — Le logis des convers et du prieur.
— VI. — Le cloître.
— VII. — Sculptures diverses. Tombes. Carrelage. Fontaines. Caves. Colombier.
— VIII. — Dépendances de l'abbaye. Pont. Moulin. Grange. Portes.
— IX. — Hôtel abbatial. Justice. Grand Moulin. Notes sur le costume des moines de l'ordre de Citeaux et sur les armoiries des abbés des Vaux.

L'explication des planches se trouvera le plus souvent à la fin de chacun des chapitres.

Les premières planches sont destinées surtout à donner une idée générale de l'ensemble des bâtiments de l'abbaye et de leur situation.

Planche 1. — Carte des environs des Vaux de Cernay à l'échelle de 1 mètre pour 53,334 avec indication : 1° des cours d'eau ; 2° des limites des anciens diocèses de Paris et de Chartres ; 3° de la direction des chemins anciens d'après les recherches de M. de Dion, 4° des contours des forêts et des principaux massifs de bois.

La légende au bas de la carte explique les signes employés. Les noms des chef-lieux de châtellenies ont été soulignés. Des lettres rappellent les Ordres auxquels les abbayes appartenaient : O. C. signifient Ordre de Citeaux ; O. S. B. Ordre de Saint-Benoît ; O. S. A., Ordre de Saint-Augustin ; O. F., Ordre de Fontevrault.

Planche 1 bis. — Plan de l'abbaye et de ses dépendances immédiates à l'échelle de 0,004 millimètres pour 10 mètres, ou 1 mètre pour 2,500.

A. Église. A' cimetière commun.
B. Bâtiment du dortoir.
C. Latrines.
D. Salles des hôtes et infirmerie.

E. Réfectoire et cuisine.
F. Porte et galerie du xvii° siècle.
G. Logis des frères Convers.
H. Vestibule central et escalier.
I. Logis du prieur et des hôtes au xvii° siècle.
J. Préau et les quatre galeries du cloître.

Ces mêmes lettres de renvoi ont été marquées sur les quatre premières planches.

Planche II. — Plan des bâtiments à l'échelle de 0,002 millimètres pour mètre. Les parties indiquées par de simples lignes étaient détruites avant 1874.

Planche III. — Vue générale des ruines prise du côté du levant en 1873.

Planche IV. — Vue générale de l'abbaye. A l'aide du plan et des renseignements recueillis dans le Cartulaire ou dessinés sur place, nous avons essayé de tracer une vue générale de l'abbaye, telle qu'elle pouvait être à la fin du siècle dernier.

II. — L'ÉGLISE

Lorsque la fondation d'une abbaye était résolue et assurée par des ressources suffisantes, on se hâtait d'élever près de l'emplacement choisi une chapelle provisoire et les logements indispensables. Pendant les premières années, il fallait nécessairement essarter des bois, défricher et assainir des terres, établir des cultures pour subvenir aux besoins de la communauté naissante. Après quelques années d'un travail opiniâtre, les ressources étant devenues plus abondantes, les terrains et les matériaux étant préparés, c'est alors seulement que l'on pouvait s'occuper d'élever les constructions définitives, et ne rien épargner pour assurer leur bonne exécution et leur durée. On pourrait citer plusieurs églises et entre autres celle de Morimond qui ne furent achevées et dédiées que cent ans après la fondation de l'abbaye.

Un édifice aussi vaste que l'église abbatiale des Vaux de Cernay a dû occasionner des dépenses considérables, des travaux prolongés, et on sait que vers 1150 la situation de la communauté n'était pas encore prospère, puisque dans une donation d'une aunaie contiguë à l'étang, Suger, abbé de Saint-Denis, dit la faire « *pauperibus monachis de Sarneio* ». Il est probable que l'église ne fut commencée qu'après l'année 1148, date de la réunion de la congrégation de Savigny à l'Ordre de Cîteaux. Par son plan, ses voûtes d'arête, ses quatre chapelles placées aux côtés du sanctuaire et sur la même ligne que lui, par la simplicité de son ordonnance, son aspect austère et robuste, elle diffère de toutes les églises de la contrée et se rapproche de l'architecture bourguignonne adoptée et propagée par l'Ordre de Cîteaux. D'après M. de Guilhermy le style austère et majestueux de l'église des Vaux de Cernay rappelle assez bien l'aspect de celle du monastère cistercien des saints Vincent et Anastase aux Trois-Fontaines sur la route de Rome à Ardée.

On sait combien la règle cistercienne était opposée au luxe qui se déployait dans les édifices des Bénédictins et des autres ordres religieux. Dans les constitutions rédigées en 1119 par saint Bernard et dix autres abbés de l'Ordre on lit : « L'église doit être d'une grande simplicité. Les sculptures et les peintures en seront exclues, les vitraux uniquement de couleur blanche, sans croix ni ornements. Il ne devra point être élevé de tour de pierre ni de bois pour les clochers d'une hauteur immodérée, et par cela même en désaccord avec la simplicité de l'Ordre. Tous les monastères cisterciens seront placés sous l'invocation de la Sainte Vierge. »

L'église des Vaux de Cernay répondait en tous points à cette règle sévère ; on ne voyait de sculptures qu'aux deux portes de la façade.

Le Plan est en forme de croix latine. Les deux collatéraux s'arrêtaient aux transepts. Quatre chapelles arrondies s'ouvraient au levant dans les transepts, faisaient saillie au dehors et accompagnaient le sanctuaire ou chevet qui se terminait carrément. Un clocher en charpente couvert de plomb et d'ardoises, renfermant cinq cloches, s'élevait au-dessus de la croisée, au point de rencontre des quatre branches de la croix, et les cordes traversant la grande voûte tombaient au milieu de l'église.

Cet édifice avait été construit en belles pierres meulières bien taillées et hourdées en mortier très tenace. Les parements intérieurs avaient reçu un enduit plusieurs fois reblanchi sur lequel on retrouve des traces de peintures figurant un appareil régulier d'assises. La pierre calcaire provenant des carrières assez éloignées de Saint-Nom ne se rencontre qu'aux baies du portail et aux tailloirs des piliers.

L'église a été en grande partie détruite au commencement de notre siècle. Il n'en reste plus que la façade, le collatéral méridional avec sa voûte et les deux chapelles du transept, et du côté du nord les cinq arcades de la nef.

Les mesures principales sont :

Superficie totale 1,760 mètres carrés.
Longueur totale dans œuvre	64 mètres
Largeur des trois nefs	20 —
— de la nef principale	9^m,70 cent.
— du collatéral	3^m,90 —
Longueur totale des transepts	39 mètres
Largeur —	9^m,50 cent.
Hauteur de la voûte de la nef environ	17 mètres
— — du collatéral	8 —
— — des transepts	10^{m}60
— totale de la façade au-dessus du seuil de la grande porte, environ	23 mètres

La Façade se divise dans sa largeur en trois parties séparées par des contreforts à ressauts et correspondant aux divisions intérieures. La porte centrale était décorée de quatre colonnettes et de deux pieds-droits dont les élégants chapiteaux heureusement retrouvés ont été remis en place (*Pl. VI*). Sur leurs tailloirs s'appuie une triple archivolte ogivale aux moulures toriques dégagées par des cavets d'un style très pur. La porte avait 2^m,70 de largeur et 3^m,10 de hauteur sous le tympan. Il est probable qu'elle était partagée par un pilier-trumeau destiné à soulager le linteau. Le seuil se trouvait à un mètre au-dessus du carrelage de la première travée de la nef, aussi fallait-il descendre plusieurs marches en entrant. Cette porte est la partie la plus ornée de ce vaste édifice.

Au-dessus de la porte deux corbeaux et des traces de solins indiquent la disposition de la toiture du porche qui abritait l'entrée principale. Les fondations qui ont été pendant quelques jours mises à découvert prouvent que le porche n'avait pas moins de 6ᵐ,60 centimètres de largeur sur 7 mètres de longueur. Quatre chapiteaux qui couronnaient des colonnes de 0ᵐ,30 centimètres de diamètre peuvent provenir de cette construction. Ces chapiteaux aux larges feuillages sont dessinés avec les détails de la façade sur la *planche VI*. Il y a eu plusieurs porches successifs ; le plus ancien indiqué par les corbeaux était couvert en appentis. Il a été remplacé par un porche dont le toit était à deux égouts. C'était sous le porche que se réfugiaient d'abord les criminels qui demandaient l'asile ; ils passaient le bras dans l'anneau de la porte principale de l'église, et ne pouvaient en être arrachés sans qu'on s'exposât à l'excommunication.

Cet étage est terminé par un bandeau en pierre calcaire d'un beau profil, de 0ᵐ,16 centimètres de hauteur.

Au dessus s'ouvrent deux baies circulaires qui ont 1ᵐ,80 centimètres de diamètre et pour toute décoration un large chanfrein et des dents de scie. A la hauteur de la grande voûte écroulée, reste encore une grande et belle rose dont le diamètre total est de 6ᵐ,80 centimètres. Le centre est à 11ᵐ,60 centimètres au-dessus du seuil de la porte et la partie supérieure à 15 mètres. Dans le cercle d'encadrement formé de cent claveaux chanfreinés et ornés de dents de scie, sont inscrits quatre grands cercles de 2 mètres de diamètre, posés en croix ; au centre et dans les intervalles, cinq cercles de 0ᵐ,70 centimètres, ornés de la même manière, et au pourtour, pour élégir les parties pleines, huit petits cercles de 0ᵐ,40 centimètres simplement chanfreinés. La *planche VI* donne de cette rose une portion suffisante pour indiquer la disposition et la décoration. Cette claire-voie d'une simplicité élégante et d'un effet grandiose a été établie au moyen d'une trentaine de petites dalles dont l'épaisseur varie entre 0,20 et 0,28 centimètres.

Le pignon au-dessus de la rose est complètement détruit ; le sommet pouvait atteindre la hauteur de 23 mètres.

On descend dans le collatéral méridional en passant sous une petite porte en plein cintre chanfreinée, accompagnée de deux colonnettes et d'une archivolte ogivale. Au dessus est un bandeau qui a beaucoup de rapport avec celui qui surmonte la porte centrale. Une baie circulaire de 1^m,60 centimètres de diamètre largement chanfreinée éclairait le collatéral, et une petite fenêtre ogivale s'ouvrait sous le rampant du comble.

Au collatéral du nord la porte était remplacée par une fenêtre ogivale et le comble était éclairé par une étroite ouverture.

Le Coté du Midi est assez bien conservé pour que l'on puisse se rendre compte de l'aspect extérieur de l'église. Cinq fenêtres ogivales de 3^m,30 centimètres de hauteur et de 0^m,90 centimètres de largeur éclairaient les cinq travées du collatéral. La toiture était en appentis. On voit encore les corbeaux qui portaient la charpente et le filet ou solin en pierre destiné à rejeter les eaux pluviales sur la toiture.

Les trois premières fenêtres hautes de la nef avaient moins d'élévation que les suivantes ; et de plus, elles présentent une disposition anormale. Leurs glacis intérieurs ont été remplacés par un mur droit peu épais et percé de petites baies ogivales ouvrant sous la toiture du collatéral. Les autres parties de l'église sont tellement ruinées qu'il n'est pas nécessaire de poursuivre la description de l'extérieur ; tout ce qui reste d'intéressant peut être signalé en visitant l'intérieur.

Cet Intérieur est remarquable par son aspect imposant et austère ; pas d'ornements inutiles, rien que de grandes lignes (*Pl. V bis*). Après les degrés de l'entrée, le sol allait en s'abaissant jusqu'aux transepts. La nef était séparée des collatéraux par des piliers rectangulaires présentant autant de saillies qu'il y avait d'arcs à supporter, de huit à dix. Ces piliers peu élevés ont pour toute décoration un tailloir continu formé d'un listel et d'un cavet. Les arcades latérales construites en pierres meulières soigneusement appareillées ont deux rangs de claveaux en retraite. Au-dessus du tailloir s'élèvent les étroits pilastres, supports des arcs doubleaux et d'une voûte d'arête entièrement écroulée. Trois de ces pilastres, au bas de la nef ont conservé la première assise en pierre calcaire et les moulures formant l'amortissement inférieur. Les pilastres qui faisaient partie des six piliers suivants ont été coupés, sans doute pour dégager la vue comme on le fit dans un grand nombre d'églises ; dans l'origine ils partaient du sol et n'étaient pas posés en encorbellement. Deux pilastres du chevet ont été conservés dans leur intégrité.

L'examen attentif des différentes parties de l'église porte à croire que la construction se fit avec une certaine lenteur, que le chevet, le transept et les deux travées de la nef formant le chœur des religieux étant terminés, il y eut un temps d'arrêt, et que ce serait à la reprise des travaux qu'on aurait changé quelque peu la forme des piliers, la largeur des arcades, la disposition des fenêtres hautes. La coupe de la *planche VII* indique toutes ces modifications apportées au plan primitif.

La voûte d'arête du collatéral est bandée sur des arcs doubleaux ogivaux fortement surhaussés. Une arcade en plein cintre termine le collatéral du côté du levant, à la rencontre du transept. On voit dans le mur une ancienne porte cintrée convertie en armoire et une piscine.

Au commencement de la nef un escalier à vis ménagé dans le massif de l'angle nord-ouest conduisait à une petite galerie qui existe encore adossée au portail. C'était la galerie de l'orgue, instrument soutenu en outre par six colonnes en bois.

Après la troisième travée vers le milieu de la nef, deux chapelles appuyées contre le dossier des stalles des religieux étaient dédiées, l'une à saint Bernard, l'autre à Tous les Saints. Là se trouvait au siècle dernier une grille de 4 toises et 5 pieds de long, et 11 pieds de hauteur, séparant le chœur de la partie de l'église réservée aux fidèles du dehors. Au-dessus de la porte à deux battants s'élevait une croix avec un Christ en plomb doré. Au même alignement, les collatéraux étaient aussi fermés par des grilles.

Le chœur était garni de vingt-huit stalles « presque modernes, sans valeur artistique (1) » et qui avaient remplacé les vingt-trois stalles refaites pendant

(1) Description de l'abbaye publiée en 1841 par A. Boisselier dans la *Revue de Versailles*.

l'abbatiat de Louis de Bajouc vers 1540. Une tradition rapporte que six stalles de l'église de Magny-les-Hameaux proviennent des Vaux de Cernay. Ces stalles qui diffèrent peu de celles de Gif, ont des sculptures assez élégantes du commencement du xvi° siècle, des figurines décorent les accoudoirs et les miséricordes.

Le transept méridional communique avec la nef par une grande arcade qui a 7^m,90 centimètres de largeur et 9^m,60 centimètres de hauteur. La voûte était beaucoup plus basse que celle de la nef. Ce croisillon était éclairé au couchant par une ou deux fenêtres, et au midi par une grande baie probablement circulaire et sans divisions comme à Savigny et à Cherlieu. Ces larges fenêtres étaient d'autant plus nécessaires que le croisillon du nord ne pouvait tirer de jour que du côté du couchant. Dix-sept mètres environ devaient marquer la hauteur totale du pignon du midi, soit la hauteur de l'égoût du grand comble. La *planche IX* donne une vue des ruines du transept.

Sur le transept se trouvent encore deux chapelles arrondies qui font saillie au levant suivant l'usage adopté dans les églises cisterciennes. Ces chapelles voûtées en quart de sphère et éclairées par une fenêtre en plein cintre sont inégales ; elles ont pour mesures : la première 5^m,70 centimètres de largeur, 6^m,25 centimètres de profondeur et 8 mètres de hauteur ; la seconde, la plus éloignée du sanctuaire, 4^m,05 centimètres de largeur, 4^m,95 centimètres de profondeur et 7^m,30 centimètres de hauteur. La *planche VIII* donne le plan et l'élévation de ces chapelles à l'échelle de 5 millimètres pour mètre. Dans l'angle de la grande chapelle qui vraisemblablement était dédiée à saint Jean-Baptiste, le second patron de l'église, on montait au grand comble par un escalier à vis prenant jour sur le sanctuaire, et dont la voûte forme un berceau rampant. Ces chapelles de style roman sont depuis longtemps fermées par une muraille qui les défigure complètement. La démolition de ce mur rendrait à cette intéressante partie de l'église un aspect particulier et fort remarquable.

Le transept septentrional est entièrement détruit ; il était disposé comme le précédent, mais faiblement éclairé. On sait que la chapelle dédiée à la

Sainte Vierge se trouvait de ce côté vis-à-vis de l'escalier par lequel on descendait du dortoir. Il y avait une porte large de 1^m,25 centimètres ménagée dans le mur du nord à 0^m,75 centimètres de l'angle nord-ouest.

Le sol des transepts, partie la plus basse de toute l'église, était à 0^m,75 centimètres au-dessous de la première travée de la nef et à 1^m,75 centimètres plus bas que le seuil de la grande porte.

Deux travées mesurant ensemble 10^m,80 centimètres seulement de longueur dans œuvre et 9^m,70 centimètres de largeur, étaient occupées par le sanctuaire ou chevet de l'église. La dernière travée était éclairée de trois côtés. S'il faut en croire un ancien dessin reproduit dans l'atlas du Cartulaire, la fenêtre ouverte dans le pignon au levant était fort grande et divisée par des meneaux. Cette grande fenêtre n'était pas conforme aux traditions cisterciennes ; il devait y avoir primitivement une rangée de trois fenêtres surmontées de deux autres fenêtres et d'une rose, le tout facile à remplacer par une grande fenêtre à meneaux. On peut citer plusieurs exemples de semblable remaniement. Le vitrage des fenêtres était simplement en verre blanc enchâssé dans du plomb.

On parvenait au sanctuaire en montant deux marches de toute la largeur de la travée. Le maître-autel était isolé en avant et décoré d'un rétable en bois qui avait coûté 2,100 livres en 1681. Comme à Port-Royal et à N.-D de la Roche, une boiserie assez haute posée en arrière de l'autel formait une sacristie dans laquelle on pénétrait par deux portes latérales. On voit encore une piscine ménagée dans le mur au midi, du côté de l'épître. Quelques tables d'autel ont été conservées ; la plus grande de toutes, la plus ornée de moulures avait 3^m,44 centimètres de longueur et 0^m,91 centimètres de largeur ; il est possible qu'elle ait fait partie de l'autel principal. En 1606 le nombre des autels s'élevait à douze. Outre les chapelles de la Sainte Vierge, de saint Jean-Baptiste, patrons de l'église, de saint Bernard et de Tous les Saints, il y avait la chapelle des saints apôtres Jacques et Philippe, dont la dédicace avait été faite en 1174 par saint Pierre, archevêque de Tarentaise. Il est probable qu'à cette date les chapelles seules du transept étaient achevées.

A la fin du xvii° siècle on avait placé quelques peintures dans l'église. Ces compositions avaient-elles quelque valeur artistique ? On l'ignore. Ce qu'il y a de certain c'est que la rémunération acceptée par le peintre était des plus modiques. « Nous avons fait faire et achever trois tableaux de dix escus pièce ; l'un est de la Purification de la Sainte Vierge, l'autre est une Sainte Famille, et l'autre du Baptême de Notre-Seigneur fait par saint Jean ; et encore un quatriesme du même prix, qui représente les Scribes et les Pharisiens présentant à Notre-Seigneur une monnoie. »

Le sol de l'église était recouvert de dalles de grès, de pierres tumulaires et de carreaux de terre cuite vernissés ou incrustés. Ces carreaux très variés de formes et de dimensions sont le plus souvent ornés de dessins jaunes se détachant sur un fonds verdâtre. La *planche XLII* donne le dessin au quart de quatorze carreaux différents. Des dalles octogones en pierre de liais et des carrés de marbre noir avaient remplacé en 1722 l'ancien carrelage du chœur et du sanctuaire.

Les parties les plus intéressantes du dallage étaient celles qui rappelaient le lieu de la sépulture de quelques abbés et des bienfaiteurs de l'abbaye. Nous indiquerons d'abord dans chaque partie du monastère la situation des sépultures, puis au chapitre VII de cette étude nous donnerons avec les dessins quelques explications relatives aux dalles tumulaires qui sont conservées.

Dans le sanctuaire. Au nord, du côté de l'évangile se trouvait la sépulture de Simon de Neaufle et d'Eve, sa femme, fondateurs de l'abbaye en 1118. Au côté opposé Simon de Rochefort, docteur en théologie, dix-huitième abbé des Vaux de Cernay, de 1321 à 1328. Andry Lasne, marchand de Trappes qui trespassa en 1500 et Simone, sa femme. Cette tombe fut transférée devant la chapelle de la Sainte Vierge, à la descente du dortoir.

Dans le transept septentrional. Jean de Villepreux, chevalier, et Jeanne de Guyencourt, sa femme, qui en 1302, avaient donné « aus religieux, abbé et couvent et à leur église, où nous élisons desorendroit nos sépultures, ou revestière (à la sacristie) de la dite église, devant l'autel que nous proposons à faire illeques et amander ledit revestière en forme et en manière de chapelle, dix livres parisis de rente pardurable ».

Dans le transept méridional. Jean III, vingtième abbé des Vaux, puis abbé de Fontaine les Blanches en Touraine, 1367. — Michel, bourgeois de Neaufle, 1302. — Jehan Levicomte de Corbeil, 1333.

Les corps de Jehan de Bruyères le châtel, d'Ameline de Crèvecœur, de Pierre Maubert, reposaient aussi dans cette église.

La sépulture la plus vénérable, celle qui, aux fêtes de la Pentecôte, attirait à l'abbaye un grand concours de fidèles, était celle de saint Thibault de Marly, neuvième abbé du monastère, mort le 8 décembre 1247. Nous n'avons rien à ajouter à ce que nous avons dit au sujet de ce tombeau dans le Résumé historique : nous décrirons plus loin aux chapitre VII et *planche XXXIV* des fragments sculptés qui pourraient en avoir fait partie. On conserve à l'abbaye la dalle bien modeste mais bien précieuse qui a recouvert la première sépulture du saint abbé.

Le long du collatéral méridional de l'église se trouvait le Cimetière commun. La grande humidité du sol n'avait pas permis, au moins dans les derniers siècles, de se conformer à l'usage général, et de consacrer aux sépultures le préau du cloître.

Le Logis de l'Abbé était près du chevet de l'église. C'est seulement à la fin du XVIIe siècle qu'un hôtel abbatial fut construit en dehors de l'abbaye sur le territoire chartrain.

Les religieux cisterciens consacraient leur vie entière à la prière et au travail manuel. Sept heures par jour environ étaient réservées à la pénible culture des champs qui fournissaient à leurs besoins. Avec l'aide des convers, les moines pouvaient encore procurer aux pauvres d'abondantes aumônes. Le reste de leur temps se partageait entre les offices, la lecture, le travail intellectuel. Voici quel était l'ordre des offices. A deux heures les matines ; à l'aube, vers cinq heures, les laudes ; à six heures prime, puis la messe de communauté. On se rendait ensuite à la salle du chapitre. On chantait tierce à neuf heures, sexte à midi, none soit à une heure et demie, soit à trois heures, selon la saison ; vêpres à quatre heures ou à six heures et enfin complies à la nuit, à sept heures ou à huit heures.

Les planches V, V bis, VI, VII, VIII et IX représentent ce qu'il y a de plus remarquable dans l'église.

Planche V. — Façade à l'échelle de 0,01 centimètre pour mètre, et à gauche en coupe, le pignon du logis du prieur.

Planche V bis. — Vue perspective des ruines de l'église en 1854.

Planche VI. — Détails de la façade. Quatre chapiteaux qui peuvent provenir du porche. Coupe et élévation d'une portion de la grande rose. Bandeau vu de face et vu de profil.

Porte de la nef, colonnettes, pieds-droits et départ de la triple archivolte ogivale. Au-dessus à gauche, base d'une des colonnettes. Porte du collatéral du nord, les deux colonnettes, l'amorce de l'archivolte ogivale et de la baie à plein-cintre. Au dessus à droite une base de ces mêmes colonnettes.

Planche VII. — Côté méridional de l'église, élévation à l'échelle de 5 millimètres pour mètre. A gauche apparaissent le pignon du logis du prieur et un escalier extérieur moderne. Le cimetière commun était le long de ce côté de l'église.

Coupe longitudinale de l'église et section de deux piliers de la nef avec indications des pilastres par des lignes ponctuées. La différence de niveau, $0^m,75$ centimètres, qui existait entre le commencement de la nef et le dallage des transepts devait être rachetée primitivement par des paliers successifs ; en 1722 le sol de la nef fut baissé du côté de l'entrée d'un pied allant à rien à la hauteur du pavé du chœur. La ligne ponctuée indique le prolongement du niveau du transept, et les traits fermes marquent les parties de carrelage retrouvées. Les deux premiers piliers de la nef ont 2 mètres de face, le troisième et le quatrième $2^m,41$ centimètres et le cinquième $2^m,65$ centimètres. Nous avons figuré au pointillé les trois pilastres qui dans l'origine partaient du sol même et n'étaient pas posés en encorbellement comme l'ont toujours été les deux suivants.

Planche VIII. — Chapelle du transept, plan et élévation à l'échelle de

5 millimètres pour mètre. La petite porte en haut, à gauche, s'ouvre sur l'escalier intérieur.

Coupe du collatéral à la même échelle. Le seuil de la petite porte est à 1ᵐ,30 centimètres au-dessus du carrelage ; on voit en haut la coupe d'une des fenêtres hautes et de la petite ouverture ménagée dans son glacis.

Amortissement des deux pilastres de la nef près de l'entrée, l'un vu de face l'autre de profil.

Planche IX. — Vue perspective des ruines du transept.

III. — LE BATIMENT DU DORTOIR

Ce vaste bâtiment faisant suite au transept septentrional de l'église, s'étendait au nord jusqu'au ruisseau, sur une longueur de 104 mètres, avec 12 mètres de largeur hors œuvre. L'étage à rez-de-chaussée divisé en deux nefs par une file de 21 colonnes formait vingt-deux travées voûtées. Les six travées les plus rapprochées de l'église, et parallèles à la galerie orientale du cloître, sont entièrement détruites ; la septième et la huitième sont à demi-ruinées ; les quatorze travées suivantes ont conservé leurs voûtes sur croisées d'ogives.

En sortant de l'église par une porte ménagée près de l'angle nord-ouest, on trouvait, d'après A. Boisselier, une Sacristie, puis un Vestibule avec un escalier pour monter à la Sacristie Haute, au Trésor, à la Bibliothèque aux Archives et au dortoir. Il est probable que l'escalier était, non pas dans un vestibule, mais dans le transept même de l'église. On connaît un texte indiquant que la sépulture d'Andry Lasne avait été transférée devant la chapelle de la Sainte Vierge en descendant du dortoir. Cette communication directe du dortoir à l'église avait été adoptée, d'après A. Lenoir (*Architecture monastique*) dans toutes les abbayes cisterciennes ; on la voit encore à Thoronet, à Obasine, à Hauterive (*Planches C et F de l'Introduction*).

A la suite des sacristies ou revestières se trouvait la Salle Capitulaire.

Il était d'usage de placer la porte d'entrée entre deux ouvertures ressemblant à de larges fenêtres qui avaient évidemment pour but de mettre la salle en communication avec la galerie du cloître. On voit encore l'entrée ainsi disposée dans quelques monastères voisins, au prieuré de Louye, à Clairefontaine, à Notre-Dame de la Roche. Selon toute vraisemblance la salle capitulaire ne pouvait comprendre moins de trois travées, soit une superficie de 132 mètres carrés, avec deux colonnes libres au milieu et trois fenêtres ouvertes sur le jardin au levant. Aucun des débris retrouvés et dessinés ne peut être attribué avec certitude à cette salle importante. On sait qu'en 1680, elle était en bon état, bien carrelée, vitrée et ordrée de bancs tout neufs. Elle paraît avoir été spécialement réservée aux sépultures des abbés. On y voyait les tombes de : Arnaud, premier abbé des Vaux, mort en 1145 ; — Hugues, 1151. — Jean I, 1156 ; — Thomas 1, 1229 ; — Saint Thibault de Marly, 1247 ; — Raoul, 1289 ; — Guillaume I, 1305 ; — Philippe, 1321 ; — Pierre III, Tessé, 1516.

Au sortir de la messe du matin, la communauté se réunissait dans cette salle. Après une courte prière et la lecture d'un passage de la règle de Saint-Benoît, l'abbé faisait une instruction. Ensuite les moines qui avaient commis quelque faute contre la règle, brisé ou égaré quelque objet, devaient s'en accuser tout haut. Si un moine négligeait de *se proclamer,* il devait être accusé par ses confrères, et la peine était plus forte. C'était au chapitre que l'on annonçait les décès des parents des religieux. On y indiquait chaque semaine les noms des semainiers pour les différents services.

Le Grand Escalier du dortoir se présentait au bout de la galerie septentrionale du cloître, et à la suite le Chauffoir et le Parloir.

Le chauffoir était avec l'infirmerie la seule salle où il y eut du feu. Les moines pouvaient venir se réchauffer, mais n'y rester jamais plus d'un quart d'heure, ni s'asseoir, ni parler. Ils pouvaient y entrer aussi pour graisser leurs chaussures. C'était là que l'on saignait les religieux quatre fois par an.

Le silence étant une des obligations des cisterciens, les moines n'avaient en général le droit de causer entre eux qu'au parloir. Il fallait obtenir, pour y entrer la permission du supérieur, et à moins de nécessité, on ne devait jamais y être plus de deux, outre le prieur qui assistait à la conversation.

Il est probable que la construction primitive s'arrêtait entre la dixième et la onzième travée. Ce ne fut qu'au XIII° siècle, lorsque l'abbaye atteignit son plus haut degré de prospérité, et vit accroître considérablement le nombre de ses religieux, qu'il devint nécessaire d'agrandir les bâtiments et de les prolonger vers le nord. Les travées 7, 8, 9, 10, sont des constructions du XII° siècle caractérisées par trois grandes fenêtres à plein cintre, par des colonnes appliquées contre les murs, des bases romanes, quelques chapiteaux goudronnés. L'épaisseur des murs latéraux étant de $1^m,25$ centimètres, il reste $9^m,30$ centimètres de largeur intérieure. Les colonnes ont $2^m,52$ centimètres de hauteur totale et la voûte environ 5 mètres.

Dans les douze travées suivantes, de 11 à 22, toutes les ouvertures sont ogivales ; les murs moins épais, $0^m,75$ centimètres, laissent une largeur intérieure de $10^m,43$ centimètres; le dallage était à $1^m,50$ centimètres environ plus bas que celui de la première partie du bâtiment, mais pour donner à l'étage supérieur un niveau à peu près uniforme la hauteur des colonnes atteint $3^m,30$ centimètres, celle de la voûte est de $6^m,50$ centimètres sous clef, et de $6^m,10$ centimètres sous l'arc doubleau. Nous ne pouvons donner ici que des mesures approximatives, car toutes traces de dallage ont depuis longtemps disparu, et les hauteurs des bases sont très variables. On sait que le dortoir fort endommagé par la foudre en 1195 fut rebâti et sans doute agrandi au temps de saint Thibault vers 1235 ; on rapporte même que le pieux abbé voulut, par humilité, servir lui-même les maçons pendant ces grands travaux. Si les colonnes centrales ne diffèrent pas notablement de celles du XII° siècle, on peut signaler sur plusieurs pilastres des tailloirs dont le profil ferme et élégant se retrouve non loin de l'abbaye, dans plusieurs édifices du XIII° siècle, à Dourdan, à Notre-Dame de la Roche, à la Ville-Dieu-lez-Maurepas, à Thiverval.

Les voûtes et les nervures chanfreinées construites en pierres meulières sont portées par des colonnes centrales et par des pilastres reliés aux murs latéraux. Ces colonnes sont en grès: leurs chapiteaux d'une grande simplicité sont parfois ornés de larges feuilles: leurs profils vigoureux ne manquent ni d'élégance, ni de variété.

A la quatorzième travée deux grandes arcades ogivales sans feuillures pouvaient donner passage à des voitures pour aller de la basse-cour dans le jardin, les prairies attenantes et au logis abbatial.

Les fenêtres de dimensions variées avaient été pour la plupart agrandies et remaniées. Celles des dix-septième et dix-huitième travées au couchant sont les plus remarquables par leurs heureuses proportions, aussi ont-elles servi de modèle pour la restauration des fenêtres qui avaient été le plus mutilées. Les deux fenêtres dans le pignon du nord n'ont rien d'ancien, elles ont été percées récemment.

A la onzième travée du côté du levant la fenêtre a été murée en partie et une porte a été percée au dessous. Il est possible que cette porte indique l'emplacement du corps de logis situé au bout du parloir et servant de chartrier, dont la démolition était projetée au XVIIe siècle, afin d'éviter des réparations onéreuses et de rendre plus belle la face du dortoir du côté du jardin. Le bas était voûté et ne pouvait servir que de vestibule ; en haut se trouvaient le chartrier et une chambre pour serrer les objets les plus précieux de la sacristie. Ce petit bâtiment était-il depuis longtemps démoli ? N'est-ce pas lui que signalait A. Lenoir lorsqu'il a écrit que l'on voit dans les ruines de l'abbaye des Vaux de Cernay les restes d'une tour isolée qui contenait les archives ?

A l'extrémité du bâtiment du dortoir et le joignant par l'angle nord-est, était un pavillon, récemment démoli, dans lequel étaient établies les LATRINES au niveau du dortoir. Le ruisseau resserré entre deux hautes murailles coulait sous de petites arcades entre lesquelles étaient disposés les sièges. C'est ainsi que se présentent encore les lieux communs dans les ruines de l'abbaye de Maubuisson près de Pontoise. L'écartement entre les deux murs était de 1^m,30 centimètres et la hauteur des arcades à plein cintre d'environ 5 mètres au-dessus du cours d'eau.

L'étage supérieur servait de Dortoir aux religieux. Au mois d'août 1674, le dortoir s'écroula, et, pour le réparer, on fut obligé d'emprunter douze mille livres. On usa pour le nouveau dortoir de la tolérance accordée en 1666 par le bref d'Alexandre VI, des cellules remplacèrent le dortoir commun ; le long d'un beau corridor s'ouvrirent vingt-deux portes de cellules régulièrement disposées. En 1680 il n'y avait encore que dix cellules qui fussent achevées et meublées. Les cellules devaient toutes regarder le couchant et la basse-cour de l'abbaye.

Le dortoir a été complétement démoli vers 1816, le bas seul des fenêtres a été conservé. On en compte deux à chaque travée au couchant ; leur largeur était de $0^m,48$ centimètres. Du côté du levant, et au même niveau, on voit encore une barbacane au milieu de chaque travée, et on ne retrouve de fenêtres qu'au-dessus du passage de voiture et à la travée suivante, quatorzième et quinzième. Ces barbacanes de construction ancienne et évidemment disposées pour servir de décharges étaient tout au plus suffisantes pour éclairer et aérer convenablement un corridor.

Une fenêtre large de $1^m,50$ centimètres en dedans s'ouvrait au milieu du pignon du nord, au-dessus du contrefort peu élevé destiné à contrebouter les voûtes de la salle basse. L'existence de cette fenêtre nous porte à croire que le dortoir n'était pas voûté en maçonnerie, que cette longue salle était divisée dans sa longueur en deux parties inégales, un corridor large de 3 ou 4 mètres au levant et un dortoir commun de 7 à 8 mètres de largeur qu'il fut facile de partager en cellules en établissant des cloisons transversales.

Le dortoir devait être éclairé pendant la nuit. La règle n'accordait aux religieux pour le coucher qu'une paillasse, deux couvertures et un petit oreiller. Ils dormaient tout habillés. Le coucher avait lieu à sept heures en hiver, à huit heures en été ; le lever était à deux heures dans la semaine, à une heure les dimanches et les jours de fête. Entre les laudes et prime les frères pouvaient monter au dortoir pour se laver, changer une partie des vêtements qu'ils avaient gardés pendant le sommeil ou bien se rendre au chauffoir.

Une grande quantité de terre provenant des démolitions, ou apportée avec intention, s'était accumulée sur les voûtes et les chargeait d'un poids considérable; des arbustes y avaient pris racine, et par leur grand développement donnaient à l'ensemble de ces ruines, à ces jardins suspendus, un aspect très pittoresque. Ce poids et cette végétation auraient pu accélérer la ruine complète d'un monument aussi intéressant sous le rapport historique que sous le rapport architectural. On ne saurait trop louer Madame de Rothschild d'avoir supprimé ces causes actives de destruction, et d'avoir, par des restaurations très intelligentes, assuré la conservation de ce vaste promenoir d'un aspect si attrayant et si grandiose.

Les planches X, XI, XII, XIII, et XIV sont consacrées au grand bâtiment du dortoir ; de plus on peut voir sur la planche III l'ensemble des ruines de cette importante construction.

Planche X. — 1° Élévation partielle du côté du levant ou du jardin, à l'échelle d'un centimètre pour mètre. Les travées sont numérotées à partir de l'église en allant vers le nord. Les travées 9 et 10 appartiennent à la construction la plus ancienne, les suivantes datent du XIIIe siècle. Devant la grande baie 14 est marqué au pointillé le niveau intérieur qui n'a pu être rétabli qu'après d'importants travaux d'assainissement. Du côté du couchant la grande baie ogivale avait été murée en partie, et remplacée par une petite porte cintrée précédée de huit degrés à l'intérieur. Ces degrés ont été supprimés et une fenêtre nouvelle occupe la place de la porte.

Les travées de 15 à 22 ont toutes leurs fenêtres semblables au levant. Au niveau du dortoir on voit une barbacane au milieu de chaque travée ; nous avons déjà dit que les seules fenêtres du côté du levant s'ouvraient aux travées 14 et 15. Du côté du couchant se trouvaient les cellules qui avaient remplacé le dortoir commun.

Sur la planche IV, vue générale, nous avons figuré les fenêtres du dortoir dont la largeur et la position, deux par travée, sont seules connues. Nous leur avons donné 1^m,25 centimètres de hauteur, et au-dessus nous avons indiqué une troisième fenêtre comme il en existe encore au magnifique dortoir de l'abbaye du Val près de Mériel sur Oise, monastère du même ordre et de la même époque. Nous n'avons tracé ces troisièmes fenêtres qu'aux salles anciennes au-dessus du chapitre, salles dont la destination, bibliothèque, archives, pouvait demander un éclairage plus complet.

2° Coupe longitudinale du côté du couchant montrant aux travées 17 et 18 des fenêtres d'une forme élancée, $0^m,62$ centimètres de largeur sur $2^m,60$ centimètres de hauteur. Ces proportions ont été adoptées pour la restauration de sept fenêtres de ce côté du bâtiment.

3° Coupe longitudinale du côté du levant des travées 10 à 14.

Planche XI. — Plan de la travée 14 à l'échelle d'un centimètre pour mètre. Coupe sur la ligne A-B. On voit en haut la coupe d'une barbacane. Les contreforts et les deux grandes portes ogivales sont en grès.

Planche XII. — Colonnes et chapiteaux à l'échelle de 5 cent. pour mètre.

1° Colonne centrale entre les travées. . . . . 9 et 10
2° Colonne appliquée contre le mur au couchant
3° Colonne centrale entre les travées . . . . 10 et 11
4°   —   —   . . . . 14 et 15
5° Colonne latérale entre les travées . . . . 7 et 8
6°   —   —   . . . . 8 et 9
7°   —   —   . . . . 9 et 10

Planche XIII. — Pilastres engagés dans les murs. Ils atteignent tous la même hauteur, $3^m,30$ centimètres, au-dessus du sol, mais il y a deux niveaux différents pour leurs bases. De la onzième à la quatorzième travée ces bases ont $1^m,20$ centimètres de hauteur ; aux travées suivantes, de 15 à 22, elles n'ont plus que $0^m,65$ centimètres.

1° Pilastre entre les travées. . . . . . . 20 et 21 au levant
2°   —   —   . . . . . . 15 et 16   —
3°   —   —   . . . . . . 12 et 13   —
4°   —   —   . . . . . . 16 et 17 au couchant
5°   —   —   . . . . . . 15 et 16   —

6° La partie inférieure d'une fenêtre du dortoir, plan et élévation à l'échelle de $0^m,05$ centimètres pour mètre.

7° Plan et élévation d'une barbacane.

Planche XIV. — Vue perspective prise de l'endroit où se trouvaient autrefois le chauffoir et le parloir. Pour ne pas trop multiplier les lignes, nous avons dû renoncer à marquer les chanfreins des arcs.

IV. — SALLE DES HOTES, RÉFECTOIRE, GALERIE

En côté de la galerie septentrionale du cloître se trouvaient la salle des hôtes, l'infirmerie et le réfectoire.

Selon l'usage adopté par l'Ordre de Cîteaux, le réfectoire n'était pas parallèle à la galerie du cloître, son axe était perpendiculaire à l'axe de l'église. Il se trouvait ainsi isolé entre deux cours limitées par le bâtiment du dortoir au levant et le logis des frères convers au couchant.

C'était au fond et au midi de la première de ces cours, de la cour des cuisines, que s'élevait une construction de 17 mètres sur 9 renfermant en bas la SALLE DES HOTES. On entrait dans cette salle du côté de la cour par une grande porte rectangulaire surmontée d'un arc en plein cintre et accompagnée de deux portes plus petites et ogivales (*A. Boisselier*). C'était là vraisemblablement le parloir et le réfectoire réservés pour les hôtes. Les chambres à coucher se trouvaient au xviie siècle, à la suite du logis du prieur dans le bâtiment au couchant.

La règle ordonnait de mettre tous ses soins à bien recevoir les pauvres et les pèlerins. On les traitait avec beaucoup de charité et de respect. L'abbé avait sa cuisine et sa table à part pour être en état de recevoir les hôtes à toute heure sans déranger la communauté.

Au-dessus de la salle des hôtes se trouvaient deux chambres pourvues de cheminées servant d'INFIRMERIE, et une troisième chambre, ancienne demeure du prieur. L'infirmerie était assez éloignée de l'église pour qu'il y eut nécessité de lui adjoindre une chapelle. D'après une tradition c'est là que fut transféré en 1260 le corps de saint Thibault qui, depuis treize ans, reposait dans la salle capitulaire.

Le Réfectoire dont nous avons indiqué la situation formait avec les cuisines un grand rectangle de 32 mètres de longueur sur 7™,50 centimètres de largeur dans œuvre. Ce bâtiment comprenait cinq travées voûtées, appuyées par de fortes murailles et de robustes contreforts. La cuisine occupait les deux travées au nord. Conservée en grande partie jusqu'en 1874, cette solide construction a été entièrement démolie et remplacée par un pavillon moderne.

La porte d'entrée et le vestibule ouvrant sur la galerie du cloître existaient encore en 1852 ; MM. de Dion et Hérard ont eu l'obligeance de nous donner communication des dessins qu'ils ont faits à cette époque (*Pl. XV*). La porte avait 2™,20 centimètres de largeur, et 1™,90 centimètres de hauteur sous le linteau. Deux colonnettes engagées et des pieds-droits chanfreinés soutenaient un linteau et une arcade bombée ornée de trois tores dans la partie ébrasée des voussoirs. Comme à la grande porte de l'église, les pieds-droits portaient des chapiteaux aussi bien que les colonnettes.

A droite de la porte, il restait la moitié d'une élégante arcature qui avait dû comprendre au moins trois arcades ogivales aveugles. L'arcade du milieu plus large et plus élevée que les deux autres s'appuyait sur des consoles. Les arcades latérales étaient portées d'un côté par ces mêmes consoles, et de l'autre par deux colonnettes qui étaient posées sur un bahut élevé de 0™,53 centimètres, et dont l'épaisseur libre, formant un banc continu, était de 0™,33 centimètres. Cette arcature et ce banc n'avaient pas moins de 6 mètres de développement. Un troisième groupe de chapiteaux retrouvé donnerait même à croire que la triple arcature était répétée et se prolongeait davantage du côté du levant. Sur le nu du mur on voyait des traces de peintures représentant des personnages nimbés. Ne serait-ce pas le reste du *lavabo* qui, se trouvant toujours à proximité du réfectoire, était destiné aux ablutions prescrites par la règle ? Le *lavabo* ou *lavatorium* de l'abbaye de Beauport (Côtes-du-Nord) présente la même disposition.

Tous les samedis après les vêpres avait lieu la cérémonie du mandé, ou lavement des pieds, ainsi désignée parce que l'antienne qu'on y chantait commence par ces mots : *mandatum novum do vobis*. Le serviteur qui tre -

minait la semaine et celui qui commençait la suivante devaient laver les pieds à tous les religieux. Le Jeudi-Saint, la cérémonie du lavement des pieds aux pauvres du dehors se faisait également dans le cloître.

Le réfectoire mesurait dans œuvre 20 mètres sur 7^m,50 centimètres. Il était voûté; mais depuis longtemps on avait établi un plancher à une certaine hauteur, et disposé des chambres entre le réfectoire et la voûte. On montait sur les voûtes par un escalier en pierre ménagé dans l'épaisseur des murs et des contreforts à l'angle nord-ouest.

L'écroulement de la voûte en 1755 enfonça le plancher et nécessita des réparations qui coûtèrent près de douze mille livres. La toiture a dû être abaissée à cette époque. Le contrefort d'angle conservé jusqu'en 1874 indiquait une hauteur de 12 mètres pour les murs latéraux, et partant de 11 mètres environ pour la voûte, et de 17 mètres pour le faîtage (*Pl. XVI*). Trois grandes fenêtres au couchant, une autre sur la cour des cuisines éclairaient cette vaste salle. Au moment de la démolition il n'y avait plus de traces de la partie inférieure des fenêtres, ni de l'arc qui les terminait; elles avaient 1^m,30 centimètres de largeur dans la partie vitrée, et 2 mètres en dedans. Dans l'embrasure de la fenêtre au levant était posée sur des supports en pierre une forte table de grès.

Il est probable que le clocher du réfectoire se trouvait, non pas au-dessus de l'entrée, mais comme nous l'avons figuré sur la *planche IV*, vers le milieu du bâtiment, car, avant le repas, et pendant tout le temps de la récitation du psaume *miserere*, le prieur sonnait la cloche de l'endroit où était son siège.

Un mur de refend percé de deux portes séparait le réfectoire de la Cuisine. Les deux travées occupées par cette salle étaient éclairées au levant par deux fenêtres semblables à celles du réfectoire, par deux autres au nord et une seule au couchant. Rien n'indiquait plus la place de la cheminée. Il y avait cinq portes, deux du côté du réfectoire, une au levant sur la cour des cuisines et deux autres au couchant communiquant avec les latrines et la Galerie de l'entrée de l'abbaye.

Ces dernières constructions avaient été élevées au xviie siècle pour relier la cuisine au grand bâtiment occupé par les frères convers et le prieur. Dans le pavillon adossé à la cuisine se trouvaient deux étages de latrines. Sous la galerie s'ouvrait une des portes principales du monastère placée entre la petite basse-cour et la petite cour de l'abbaye. Cette porte construite en grès bien appareillé, ornée d'une clef et de deux longues consoles avec tables saillantes et gouttes, est surmontée d'un fronton. Du côté du midi deux larges arcades à plein cintre accompagnent la porte. La galerie du premier étage large de 2^m,75 centimètres, éclairée au nord par deux petites fenêtres, par trois autres au midi, servait de passage.

Avant de quitter cette partie importante des lieux réguliers, il est à propos de rappeler les usages relatifs à la nourriture des religieux. Les règlements étaient très sévères au xiie siècle : interdiction de la viande et même des légumes accommodés au gras, excepté en cas de maladie. Ce ne fut qu'en 1498 que l'usage de la viande fut autorisé trois fois par semaine sauf pendant l'avent, le carême, les rogations. On faisait au plus deux repas par jour. Une collation supplémentaire, *mixtum*, composée d'un peu de pain et de vin était accordée aux convers, aux moines chargés d'un travail extraordinaire, aux jeunes gens. Après Pâques le dîner avait lieu à midi, le souper au coucher du soleil. Du 14 septembre au carême on ne faisait qu'un repas à trois heures ; pendant le carême ce repas unique était retardé jusqu'au coucher du soleil.

On donnait deux portions cuites chaque jour, une livre et demie de pain et une pinte de vin quand on pouvait s'en procurer. En cas de nécessité l'abbé accordait un supplément de nourriture que l'on désignait sous les noms de pitance ou de *Generale*. Ces suppléments d'abord exceptionnels devinrent plus fréquents au xive siècle à cause de la générosité des bienfaiteurs qui firent de nombreuses donations à charge par l'abbé de faire servir à ses moines une pitance à des époques déterminées. Le droit des moines aux pitances fut reconnu et consacré au milieu du xive siècle

Explication des planches

Planche XV. — 1° Élévation de la porte du réfectoire et de l'arcature qui l'accompagnait, 0^m,02 centimètres pour mètre ;

2° Plan de l'entrée du réfectoire, 0^m,01 centimètre pour mètre ;

3° Deux groupes de colonnettes de l'arcature à 0^m,10 centimètres pour mètre. Un troisième groupe a été trouvé dans les ruines ;

4° Tailloir et assise supérieure d'une console ; assise d'une autre console vue en dessous à l'échelle de 0^m,10 centimètres pour mètre.

Planche XVI. — 1° Pignon des cuisines, pavillon, porte et galerie du xviie siècle, à l'échelle de 0^m,005 millimètres pour mètre. Le contrefort de l'angle nord-ouest indique la hauteur primitive des murs latéraux, 12 mètres. La barbacane ouverte à 10 mètres au-dessus du sol éclairait l'escalier ménagé dans l'épaisseur de la muraille. Cet escalier n'avait que 0^m,65 centimètres de largeur à partir du premier étage ou de la galerie. Il se composait de deux parties droites voûtées en berceau rampant et raccordées près de la barbacane par quelques marches biaises ;

2° Porte de la basse-cour, construction en grès du xve siècle, plan et élévation extérieure à 0^m,01 centimètres pour mètre. Cette porte était l'entrée principale de l'abbaye. Le moine chargé de l'office de portier logeait dans une cellule placée près de la porte. Il recevait les étrangers et distribuait les aumônes trois fois la semaine, et tous les jours aux passants. On donnait aux pauvres les restes des repas et les *pulmenta defunctorum*, c'est-à-dire trois parts de moine par repas, représentant la nourriture des derniers religieux décédés. Il y avait en outre les distributions fondées par les bienfaiteurs, et des dons de vêtements et de chaussures. Amauri de Montfort avait légué une rente de vingt livres parisis pour donner des tuniques aux pauvres.

V. — LOGIS DES FRÈRES CONVERS ET DU PRIEUR

Le vaste corps de logis qui formait la façade occidentale du monastère sert depuis longtemps d'habitation aux divers propriétaires des Vaux, aussi a-t-il subi à plusieurs reprises les plus notables transformations.

Ce bâtiment attenant au midi à l'angle de la façade de l'église et joignant au nord la porte de la basse-cour, mesure 67^m,80 centimètres de longueur et 12 mètres de largeur hors œuvre. Il est séparé intérieurement en deux parties égales par le vestibule et le grand escalier faisant saillie du côté du cloître. Ces deux parties diffèrent autant par le style que par le mode de construction. Celle du nord qui servit de dortoir aux frères convers paraît être la plus ancienne des deux ; la partie voisine de l'église fut remaniée au xviie siècle à l'étage supérieur, et devint le logis du prieur et des hôtes.

§ 1. — *Logis des frères convers*

La façade au levant, le long de la petite cour de l'abbaye et parallèle au réfectoire, comprend six travées séparées par cinq contreforts en pierre meulière. Ce côté a perdu non seulement les curieuses petites fenêtres romanes de l'étage supérieur, mais aussi les quatre longues baies qui éclairaient la salle basse. Ces ouvertures avaient à l'extérieur 0^m,80 centimètres de largeur et 3^m,60 centimètres de hauteur environ ; la partie basse étant dégradée il était difficile de déterminer exactement la hauteur. Elles avaient été régulièrement construites en pierres meulières et fermées par un arc en plein cintre. Une porte rectangulaire s'ouvrait sous une arcade ogivale à la travée contiguë au pavillon de l'escalier. La dernière travée au nord est masquée en partie par la galerie ajoutée au xviie siècle pour fermer la cour.

Au premier étage on avait percé, de nos jours, des fenêtres rectangulaires et muré les anciennes fenêtres comme trop étroites et incommodes pour la nouvelle destination des chambres. Grâce à leur transformation en placards, ces fenêtres avaient pu, pour la plupart, échapper à une complète destruction. L'une d'elles est dessinée sur la *planche XVIII* à l'échelle de 0^m,02 centimètres pour mètre. Comme au grand dortoir on en comptait deux par travée. A l'intérieur leurs embrasures cintrées larges de 0^m,83 centimètres, hautes de 1^m,55 centimètres, étaient correctement appareillées. L'ouverture vitrée de forme rectangulaire, n'avait que 0^m,33 centimètres de largeur sur 1^m,03 centimètres de hauteur. Ces petites fenêtres donnaient aux deux façades de ce dortoir un caractère tout monastique.

Le pignon du nord appuyé par des contreforts s'élevait à 14 mètres. Il était percé de deux petites fenêtres ogivales (0^m,53 centimètres sur 1^m,10 centimètres) au premier étage, et d'une autre fenêtre plus grande au niveau du comble.

Au côté du couchant, les contreforts également en pierre meulière avaient été démolis dans leur partie supérieure au-dessus du second ressaut afin de dégager la vue des fenêtres. Des six fenêtres rectangulaires et chanfreinées qui éclairaient la salle basse, une seule, la première au nord, présentait de l'intérêt à cause de son meneau vertical adroitement profilé. A l'étage supérieur des fenêtres vulgaires avaient remplacé les petites fenêtres romanes.

En 1875 pendant les grands travaux d'appropriation qui ont converti l'abbaye en une habitation luxueuse, tous les murs de refend ont été démolis, la salle basse a été visible pendant quelques jours dans toute sa grandeur et sa beauté sévère (*Planche XX*). Cette salle qui a dû être construite pour servir de magasins ou d'ateliers, mesure 30^m,10 centimètres de longueur et 9^m,80 centimètres de largeur dans œuvre; ses murs ont un mètre d'épaisseur. Elle est divisée en deux nefs par une file de cinq fortes colonnes. La hauteur totale des colonnes est de 2^m,10 centimètres, et leur diamètre de 0^m,70 centimètres. Les bases étaient de forme ronde. Les chapiteaux peu élevés, décorés de larges feuilles enroulées portaient des tailloirs octogones d'un profil simple et vigoureux. Le long des murs, les arcs doubleaux et les arcs formerets étaient soutenus par des pilastres peu saillants et des consoles. Les arcs doubleaux s'élèvent à 4^m,85 centimètres et la voûte d'arête à 5^m,20 centimètres.

Les voûtes ont été conservées, mais tous les chapiteaux renouvelés ont été décorés avec beaucoup de richesse et de variété par F. Bourbon et des cloisons nouvelles ont partagé cette belle salle en plusieurs pièces.

Les planches XVII, XVIII, XIX et XX, dessinées en 1874, retracent l'état ancien de ce bâtiment, un des plus intéressants et aussi un des moins connus de l'abbaye.

Planche XVII. — 1° Élévation partielle du côté du levant, sur la petite cour de l'abbaye. A gauche, le pavillon de l'escalier faisant une saillie de 6 mètres. Au rez-de-chaussée et au premier étage sont dessinées les portes et les fenêtres conservées jusqu'en 1874 ;

2° Coupe longitudinale de la moitié de la salle basse et du vestibule central montrant au fond l'escalier construit en 1694.

Planche XVIII. — 1° Fenêtres du dortoir des convers à l'échelle de 0^m,02 centimètres pour mètre, plan, élévations, la première à l'intérieur, la seconde à l'extérieur, et coupe ;

2° et 3° Plan et coupe transversale d'une travée de la salle basse à l'échelle de 0^m,01 centimètre pour mètre. Cette belle salle a pendant longtemps servi de bûcher, de cellier et même d'écurie. On a figuré à gauche la coupe de la première fenêtre voisine de l'angle nord-ouest, la seule qui présentât encore de l'intérêt.

Planche XIX. — 1° Coupe longitudinale de deux travées à l'échelle de 0^m,02 centimètres pour mètre ;

2° Chapiteaux des deux colonnes qui ne se trouvent pas dans la coupe précédente.

Pilastre et console vus de face et de profil à l'échelle de 0^m,05 centimètres pour mètre.

Planche XX. — Vue intérieure de la salle.

§ 2. — *Vestibule central et grand escalier*

Une porte bâtarde (*Pl. XXI*) ornée de bossages à pointes de diamant, construite en grès au xvii⁰ siècle, donne accès dans un large vestibule voûté en berceau au bout duquel se présente le pavillon de l'escalier en saillie du côté du levant à l'angle du cloître. Par suite de l'exhaussement progressif du sol extérieur qui, en cet endroit, dépasse $0^m,75$ centimètres, on est obligé depuis deux siècles au moins de descendre plusieurs marches en entrant. Le pavillon remanié au xvii⁰ siècle était éclairé par trois larges fenêtres. L'escalier composé de trois volées, droites et de paliers carrés est remarquable par sa grandeur et par la belle exécution de ses balustres en bois. Un carreau en terre cuite scellé sur l'avant-dernière marche portait cette inscription : l'année 1694 par Michel Chéron.

Le vestibule et l'escalier sont figurés sur la *planche XVII*. L'ancienne porte de communication avec le cloître au levant a été fermée lors de la construction de l'escalier; elle était à $0^m,70$ centimètres de l'angle sud-est; les pieds-droits en grès portaient un linteau soulagé par des consoles (*Pl. XXI*); une large arcade ogivale occupait le côté nord du pavillon.

§ 3. — *Logis du prieur et des hôtes*

Cette partie du bâtiment paraissait être moins ancienne que la précédente. Si la décoration de la salle basse présentait plus d'élégance et de recherche, la construction laissait sans doute à désirer sous le rapport de la stabilité, car on a dû renforcer les murs du côté du levant. Le grès remplace souvent la pierre meulière, au moins dans les contreforts au midi et au levant.

La toiture s'élevait à près d'un mètre au-dessus de celle de la partie du nord. Le côté du couchant n'offre rien de particulièrement digne de remarque. Les contreforts avaient été, comme les précédents, démolis dans leur partie supérieure. Trois des fenêtres basses conservèrent sans altération leur forme rectangulaire et leur encadrement en grès largement chanfreiné. Au premier étage quelques fenêtres agrandies ou percées au xvii° siècle avaient été garnies de briques.

Le pignon au midi (*Planche VII*) joint par l'angle le collatéral septentrional de l'église ; il était en outre appuyé par deux contreforts en grès. En bas, dans une fenêtre rectangulaire on a scellé une dalle ajourée en cercle, en quatre lobes et ornée de marguerites : nous aurons occasion de la décrire plus loin au chapitre VII et d'en donner un dessin *planche XXXIV*. Deux fenêtres ogivales devaient accompagner le contrefort central à la hauteur du premier étage. L'une d'elles a pu être dessinée lorsque l'on a refait les enduits ; on la voit sur les *planches VII* et *XXIII*. Un grand œil de bœuf donnait de la lumière dans le grenier ; son diamètre intérieur est de 1^m,90 centimètres. Construit en pierre meulière avec de larges chanfreins, il est entouré d'un cercle de dents de scie en grès ; il a beaucoup de rapports avec les deux baies circulaires de la façade de l'église.

Du côté du levant les cinq contreforts en grès présentent quatre ressauts tous munis de larmiers. Les baies à rez-de-chaussée ont pu, dans l'état primitif, être étroites et à plein cintre comme celles que nous avons signalées sous le dortoir des convers. Elles s'ouvraient sous la galerie occidentale du cloître. A l'étage supérieur des fenêtres rectangulaires éclairaient une longue galerie qui avait plus de trois mètres de largeur.

A l'intérieur la salle basse fut, à mesure des besoins, divisée en plusieurs parties par des murs de refend ou des cloisons. Dans son ensemble elle avait 30 mètres de longueur, 10^m,70 centimètres de largeur, et comprenait 6 travées. A une époque indéterminée on a essayé de renforcer le mur au levant en portant son épaisseur de 0^m,60 centimètres à 0^m,85 centimètres ; c'est alors que les fûts des colonnes appliquées contre le mur ont été supprimés et que les chapiteaux ont été en partie noyés dans la maçonnerie nouvelle. La largeur de la salle s'est trouvée par là même réduite à 10^m centimètres. Les arcs doubleaux reposent sur une file de cinq colonnes trales et sur des colonnes moins fortes placées contre les murs latéraux. La hauteur totale des colonnes centrales est de $2^m,50$ centimètres et leur diamètre de $0^m,63$ centimètres. Quant aux colonnes latérales, leur fût d'une seule pierre posée en délit et entièrement dégagée, mesurait seulement $0^m,31$ centimètres de diamètre. Trois chapiteaux des grosses colonnes étaient décorés de larges feuilles sans crochets, sans enroulements. Les chapiteaux des petites colonnes se distinguaient par une plus grande variété, plus de grâce. Un seul parmi les seize tailloirs ne présentait pas les moulures d'une fermeté élégante que nous avons déjà signalées comme caractérisant les monuments du XIII° siècle édifiés aux environs des Vaux de Cernay. Les chapiteaux sont en grès du pays et les tailloirs en pierre calcaire.

A la première travée, au sud-ouest, se trouvait l'entrée d'une cave de 5 mètres de large sur $5^m,50$ centimètres de long, construite en dehors du bâtiment. La grande humidité du sol a nécessité dans la salle basse un remblai de $0^m,65$ centimètres.

Cette salle, comme celle du nord, a subi une transformation complète. Elle a été de nouveau partagée en plusieurs pièces, atelier de peinture, bibliothèque, salon; et toutes les colonnes remaniées ont été pourvues de chapiteaux délicatement sculptés. A l'extérieur toutes les fenêtres de la longue façade élargies et devenues rectangulaires ont été encadrées de fortes moulures dans leur partie supérieure. Une corniche à modillons, des lucarnes et des souches de cheminées ornées ont, avec la surélévation du pavillon de l'escalier, donné à l'ensemble un aspect riche et élégant en harmonie avec la destination nouvelle de ce bâtiment. Nous espérons que nos dessins et ces notes pourront conserver le souvenir des anciennes constructions; faire voir avec quel soin, quel sentiment réfléchi des convenances de l'art, les habiles architectes du XII° et du XIII° siècle élevaient même des bâtiments d'une importance secondaire, des celliers, des magasins, les dépendances d'un vaste établissement agricole et religieux.

Nous avons déjà dit que le premier étage avait été distribué au XVII° siècle pour devenir le logement du prieur et des hôtes. Sous les abbés réguliers le prieur était à tous les points de vue l'auxiliaire et le conseiller de l'abbé ; dans les abbayes tombées en commende le rôle du prieur prit la plus haute importance. Supérieur spirituel du monastère, il devint le représentant de la communauté dans les cas très fréquents où les intérêts des moines étaient opposés à ceux de l'abbé commendataire.

Quatre planches figurent ce qu'il y a de plus digne de remarque dans cette partie de l'abbaye.

Planche XXI. — Extérieur : 1° Élévation de deux travées au couchant et de la porte du vestibule ornée de bossages en grès ;

2° Élévation du côté du levant et pavillon de l'escalier avec indication, par des traits ponctués, d'une porte ancienne et des fondations des contreforts à l'échelle de $0^m,01$ centimètre pour mètre.

Planche XXII. — Vue intérieure de la salle basse. Il ne restait plus de traces de l'ancien dallage.

Planche XXIII. — Coupe transversale de la seconde travée au midi, montrant la galerie du premier étage, une fenêtre ogivale ancienne, et, dans le pignon, la baie circulaire ou œil de bœuf éclairant le comble. Le côté extérieur du pignon est figuré sur la *planche VII*. En bas, détails de l'œil de bœuf à l'échelle de $0^m,05$ centimètres pour mètre.

Planche XXIV. — Au milieu, deux des colonnes centrales ; en côté cinq chapiteaux des colonnes latérales à l'échelle de $0^m,05$ centimètres pour mètre.

VI. — LE CLOITRE

L'espace compris entre les bâtiments principaux que nous venons de décrire, l'église, la salle capitulaire, le réfectoire et le logis du prieur, était occupé par les quatre galeries du cloître bâties autour du préau qui en était le centre. Ces galeries mettaient en communication les différentes parties du monastère. Il n'en reste plus que des débris dispersés, dont nous allons donner quelques dessins pour que l'on puisse se faire une idée de ce qu'était le cloître avant les démolitions commencées en 1792 et continuées par les premiers propriétaires. Par leur construction plus légère, ces élégantes arcades offraient une prise plus facile à la rage de la destruction qui ne s'arrêta que par suite de l'encombrement des matériaux que l'on ne trouvait plus à vendre et que l'on ne savait où enfouir. Ce fut surtout le général Christophe, en 1816, qui détruisit avec acharnement, s'amusant à faire sauter à la mine les constructions les plus résistantes. Il se plaisait, dit-on, à donner à ses invités le spectacle de l'écroulement de quelque portion de voûte après en avoir miné les supports!

Le cloître formait un rectangle mesurant 41^m,60 centimètres sur 35^m,40 centimètres. Un sondage a permis de constater que la galerie occidentale avait 5^m,25 centimètres de largeur dans œuvre. Si cette même largeur avait été donnée aux autres galeries, le préau aurait eu pour mesures 29^m,60 centimètres sur 23^m,40 centimètres.

On donnait généralement une grande largeur et peu de hauteur aux galeries pour mieux les garantir du soleil et de la pluie, et aussi pour ménager des jours convenables à l'étage supérieur des bâtiments contigus. Il est donc probable que le cloître des Vaux de Cernay était simplement couvert d'une charpente apparente, chevrons et liens, disposée en appentis. S'il y a eu des voûtes, elles ne pouvaient se trouver qu'aux galeries du nord et du levant dont la largeur n'est pas connue d'une manière certaine.

Une des plus anciennes galeries, celle du levant, avait été reconstruite au xve siècle; la galerie du midi, le long du collatéral de l'église, datait du siècle suivant. Le préau était beaucoup plus bas que le sol des galeries; on y descendait par des escaliers en pierre de six marches placés au centre de chacun des côtés; un petit bassin occupait le milieu.

Sur un mur d'appui, ou bahut de 0^m,65 centimètres environ de hauteur, s'élevaient les colonnettes accouplées qui soutenaient les arcades. Les bases les plus anciennes et les plus simples mesurent 0^m,41 centimètres sur 0^m,23 centimètres; la hauteur de la plinthe est de 0^m,10 centimètres et celle des trois moulures réunies, tore, listel et cavet est de 0^m,09 centimètres. Elles portaient deux colonnettes de 0^m,13 centimètres de diamètre.

D'autres bases un peu plus fortes, 0m,50 centimètres sur 0m,28 centimètres, et plus élégantes ont des griffes pour protéger les angles de la plinthe ; elles recevaient des colonnettes de 0m,16 à 0m,17 centimètres de diamètre. On a retrouvé aussi une base carrée de 0m,48 centimètres de côté ayant porté quatre colonnettes et pourvue de griffes. Quelques bases à plinthes octogonales peuvent être attribuées au xiiie siècle, ainsi qu'une base de 0m,62 centimètres sur 0m,22 centimètres destinée à recevoir trois colonnettes.

Douze chapiteaux accouplés, de proportions heureuses et d'une grande simplicité, enveloppés de larges feuilles parfois recourbées en crochets, réunissent tous les caractères de la sculpture de la fin du xiie siècle. Plusieurs tailloirs aux profils variés s'adaptent parfaitement à ces chapiteaux. Sur la *planche XXV* sont dessinés au dixième six groupes de chapiteaux. pourvus de tailloirs et deux bases. La *planche* suivante *XXVI* présente huit groupes de chapiteaux moins anciens que les précédents, décorés de bouquets de feuilles. Quelques voussoirs épars dans les ruines indiquent que les arcades du cloître étaient ornées aux angles de tores de 0m,09 centimètres, dégagés par des cavets. Une arcade ogivale en pierre calcaire transportée récemment au-dessus de la porte de l'abbaye paraît être un reste de l'ancien cloître; elle a 1m,24 centimètres de largeur et 0m,90 centimètres de hauteur.

Au xve siècle, il devint nécessaire de reconstruire une des galeries du cloître, celle du côté du levant. C'est pendant l'abbatiat de Dominique de Beaune, de 1430 à 1452, que ce travail fut achevé. C'était le cloître de la lecture ou de la collation. On désignait ainsi le lieu où la communauté se réunissait le soir avant les complies pour entendre une lecture faite le plus souvent dans les *Collations* ou *Vies des Pères* par Cassien, pieux solitaire du ve siècle. Cette partie du cloître était lambrissée et garnie de bancs.

Le sol du préau était tellement humide qu'il ne pouvait servir, selon l'usage, aux inhumations. On a retrouvé quelques sépultures de religieux sous la galerie du couchant, et on sait que plusieurs personnages avaient été enterrés devant la salle capitulaire. Nous citerons :

Dominique de Beaune, vingt-neuvième abbé des Vaux, dont le corps reposait auprès de la porte de l'église dans le cloître qu'il avait fait reconstruire ;

Hervé de Chevreuse, seigneur de Maincourt, mort en 1262, et Clémence d'Aulnois, sa femme ;

Hervé, seigneur de Chevreuse, neveu du précédent, mort avant 1277 ;

Anseau de Chevreuse, seigneur de Maincourt, maréchal du royaume de Sicile, puis seigneur de Chevreuse et de Maurepas, grand Queux de France, mort en 1304, à la bataille de Mons en Puelle où il portait l'oriflamme ;

Et Béatrix du Bois, sa femme, morte en 1310.

La quatrième galerie du cloître, la galerie des Apôtres, celle qui longeait le collatéral de l'église, était une œuvre remarquable de la Renaissance. L'abondance des sculptures, la richesse de la décoration avaient attiré l'attention et préservé les restes de ce cloître d'une complète destruction. Aussi, dans ces dernières années, Mme de Rothschild a-t-elle pu réunir dans les jardins de l'abbaye tous les débris dispersés dans les localités voisines. Pour assurer la conservation de ces restes intéressants, notre collègue F. Bourbon a proposé de les employer à la construction du charmant édicule qui recouvre maintenant la fontaine de saint Thibault. C'est un pavillon carré présentant sur chaque face trois arcades de la Renaissance. Quelques parties trop détériorées ont été remplacées par des sculptures nouvelles, notamment aux encoignures qui ne rappellent plus l'élégant arrangement des sommiers d'angle.

Par son style et quelques emblèmes, cette galerie appartenait certainement à l'époque de François Ier. Une décoration aussi superflue, souvent même frivole et déplacée, montre comme on était loin alors de l'ancienne austérité monastique, des principes qui avaient fait la grandeur et l'illustration de l'ordre de Cîteaux. Avec combien de raison saint Bernard s'était élevé contre l'abus des décorations ! « Dans les cloîtres, disait-il, devant les pères occupés de lectures, à quoi bon ces ridicules monstruosités ? C'est un tel nombre, une telle variété de formes bizarres ou merveilleuses, qu'on a plus de plaisir à lire dans les marbres que dans les livres et à passer tout le jour à admirer ces œuvres singulières qu'à méditer la loi de Dieu ! »

De fortes raisons portent à croire que cette construction fut élevée pendant l'abbatiat de Louis de Bajoue. Nous avons dit dans le résumé historique que cet abbé, le dernier des abbés réguliers, obtint, en 1537, du Parlement de Paris, l'autorisation de faire abattre cinquante arpents de bois pour les réparations du monastère, et qu'une partie de ces ressources considérables fut employée à la réfection des stalles du chœur. Après la mort de Louis de Bajoue, arrivée en 1543, l'abbaye fut régie, pour ne pas dire exploitée, par des abbés commendataires. Le premier fut le cardinal de Meudon, Antoine Sanguin, qui vexa et traita fort durement les vingt-deux religieux qui vivaient alors aux Vaux de Cernay. Après un grave incendie, arrivé en 1556, il ne put éviter de faire quelques réparations aux bâtiments, mais on ne saurait lui attribuer une dépense aussi importante et aussi luxueuse que celle de la galerie méridionale du cloître.

Cette galerie avait été construite en pierre de Vernon, sorte de craie compacte contenant quelques rognons de silex. Par le *Cartulaire*, on sait que l'abbaye possédait des biens assez considérables à Vernon et dans les environs.

La *planche XXVII* donne le dessin au dixième d'une arcade entière.

Au-dessus d'un soubassement ou bahut aux fortes moulures arrondies, des arcades en plein cintre portées par des pilastres s'élevaient à 2 mètres de hauteur. L'écartement était, entre les plinthes des bases de $0^m,83$ centimètres, et de 1 mètre entre les fûts. Les pilastres ont $0^m,31$ centimètres de côté ; ils présentent sur trois de leurs faces des ornements, des emblèmes, des figures souvent difficiles à expliquer. Les chapiteaux un peu massifs, ornés de feuillages, de figures, d'animaux fantastiques sont surmontés d'une corniche architravée. Le cintre comprend seulement trois voussoirs. De fines moulures, une clef fort élégante et les riches caissons de l'intrados décorent l'arcade. Dans chaque écoinçon, un buste d'homme ou de femme d'un fort relief est encadré dans une couronne de feuillage, de fleurs et de fruits ; des brindilles légères ou des nœuds de ruban garnissent les intervalles. L'entablement n'était pas moins remarquable par la pureté des moulures, que par la grâce, la richesse et la variété des rinceaux entremêlés d'enfants et d'animaux qui couraient sur la frise.

Au bas de la *planche XXX* sont tracés à l'échelle de 0^m,20 centimètres pour mètre :

1° Le dessus d'un pilastre, abaque ou tailloir à lignes courbes ;

2° Au pointillé, le dessus et le dessous de la corniche architravée qui ont les mêmes dimensions que le fût du pilastre et sa base;

3° Un dernier trait ferme avec hachures qui indique le dessous d'un sommier et donne le profil des moulures de l'arcade.

On a retrouvé dix-sept pilastres plus ou moins dégradés. Chaque pilastre tout entier, base, fût et chapiteau, est taillé dans un seul bloc de pierre. Au bas de la *planche XXVIII* nous avons tracé trois chapiteaux. Les bas-reliefs des panneaux offrent des sujets variés, souvent bizarres, profanes pour la plupart et qui auraient, à juste titre, encouru les anathèmes de saint Bernard. Ceux qui offrent le plus d'intérêt ou dont la signification semble certaine sont les suivants :

Des instruments de musique, orgue, harpe, flûte, guitare. En haut, les armoiries de l'abbaye, trois fleurs de lis rangées en chef et trois croissants montants posés 2 et 1 en pointe ; au dessus une crosse abbatiale tournée à dextre. On remarque une salamandre mutilée sur l'une des faces du chapiteau (*Pl. XXVII*) ;

Attributs guerriers. Le Dieu de la guerre, un canon, un bouclier, des flèches. Un casque, une cuirasse. Des cuissards, des gantelets, un trident (*Pl. XXVII*) ;

Armoiries de l'abbaye accompagnées de deux griffons. Une Vierge (!) assise;

Un petit génie appuyé sur un arc et sur une massue paraît danser sur un casque ;

Un personnage tenant le caducée de Mercure ;

Sainte Barbe avec ses attributs ordinaires, un livre, une palme, une tour ;

Emblèmes funéraires ;

Vases et objets destinés au culte. C'est un genre de décoration assez rare à l'époque de la Renaissance ;

Une salamandre couronnée, emblème de François Ier.

Du côté du préau le fût était sans ornements ; les écoinçons et la frise de l'entablement étaient aussi restés lisses à l'extérieur ;

Sur la *planche XXVIII* se trouve dessinée à moitié de grandeur d'exécution une partie de l'entablement avec l'indication au pointillé du profil des moulures. La planche suivante donne deux bouts des rinceaux de la frise séparés des moulures. Du côté du préau, non seulement la frise n'était pas sculptée, mais encore les moulures étaient différentes. Notre collègue F. Bourbon a pu dessiner douze parties de la frise qui donnent plus de six mètres de développement.

Un sommier d'angle est décoré de deux panneaux très élégants. La *planche XXX* reproduit un des côtés de ce sommier à l'échelle de 0^m,20 centimètres pour mètre. Pour le compléter et atteindre le niveau de l'entablement, il manque une assise de 0^m,18 centimètres que nous n'avons pu retrouver.

Les pilastres n'auraient pas suffi pour résister à la poussée de la toiture, aussi, de place en place, avait-on établi des piles qui remplissaient les fonctions de contreforts. Les trois faces ornées de rinceaux et de colonnettes en forme de balustres, avaient 0^m,45 centimètres de largeur : le bec ou partie saillante de la pile était dépourvu de sculptures. Nous donnons *planche XXXI* une élévation d'une de ces piles et la section horizontale au dixième. Le détail d'un chapiteau est à moitié de grandeur d'exécution. L'impossibilité de raccorder les ornements des différentes assises retrouvées fait supposer que ces contreforts étaient au moins au nombre de six.

Dans le mur de l'église étaient scellées des consoles pour soutenir la charpente de la galerie ; on en conserve une dizaine. Elles ont 0^m,31 centimètres de largeur, 0^m,27 centimètres de hauteur, et faisaient une saillie de 0^m,20 centimètres sur le nu du mur. Elles sont décorées d'animaux fantastiques, de bustes, d'enfants. Nous en avons dessiné deux des moins endommagées, les inclinant un peu en arrière pour éviter des raccourcis. La place nous a manqué pour tracer le listel supérieur qui a 0^m,06 centimètres de hauteur.

Sur cette même *planche XXXII* et à la même échelle de 0^m,20 centimètres pour mètre, nous avons reproduit les deux caissons de l'intrados d'une demi-arcade et deux clefs.

Il y a encore quelques autres débris sculptés de la Renaissance dont nous n'avons pu déterminer l'emploi.

Un plan dressé en 1785 et publié dans le *Cartulaire* indique une construction perpendiculaire à l'église coupant en deux parties le préau du cloître. Nulle trace de cette disposition n'ayant été trouvée ni dans les textes ni sur le terrain, nous croyons à une erreur du dessinateur, d'autant plus qu'un plan de l'année 1803 conservé aux Archives de Seine-et-Oise indique un seul préau. Il est à noter aussi que les arcades de la Renaissance, dont le nombre est indiqué approximativement par les piles et les pilastres conservés, s'étendaient sur une longueur d'au moins 30 mètres.

Une objection plus grave pourrait nous être faite en ce que, le *Cartulaire*, tome II, page 186, sans doute d'après la description faite en 1841 par A. Boisselier, dit que les galeries du cloître étaient voûtées en ogive. Ceci nous paraît impossible du moins pour la galerie occidentale. L'appui des fenêtres du premier étage étant à 5 mètres au-dessus du sol de la galerie, il n'y a pas la hauteur indispensable pour la voûte et la toiture au-dessus. Quant aux galeries du nord et du levant, on ne peut rien affirmer puisqu'elles sont entièrement détruites et que l'on ne connaît par leur largeur.

VII. — SCULPTURES DIVERSES, TOMBES, CARRELAGE, FONTAINES, COLOMBIER, CAVES

Croix. — La *planche XXXIII* donne la projection horizontale et l'élévation à l'échelle de 0^m,05 centimètres pour mètre d'une base qui depuis de longues années a été placée près de la fontaine de saint Thibault ; le soubassement a été retrouvé par nous dans une autre partie de l'enclos ; il est bien désirable qu'il soit replacé sous cette base qu'il compléterait et relèverait de la manière la plus heureuse. Les colonnettes engagées aux angles ont leurs chapiteaux ornés de deux larges feuilles de liseron ou plutôt de sceau de Notre-Dame, *Tamus communis*. Chaque face est terminée, par un gâble ou petit pignon subtrilobé et accompagné de pinacles en forme de tours crénelées. Au sommet une entaille circulaire de 0^m,25 centimètres de diamètre recevait le montant d'une croix. C'est un élégant monument du XIIIe siècle, le support de la croix principale du cimetière, ou de la croix qui s'élevait au carrefour voisin de la porte du Hameau.

En 1873 on a trouvé au fond de la glacière la partie centrale d'une croix qui semble avoir appartenu au même monument. La forme générale est celle d'un quatrelobe pénétré par un carré. La section des bras de la croix donne la figure de quatre tores réunis par des cavets ; la plus grande largeur atteint 0^m,14 centimètres.

Sur la face, une Vierge couronnée, voilée, assise sur un banc, tient sur son genou gauche l'enfant Jésus fort mutilé mais toujours reconnaissable par le globe qu'il soutient.

Au revers, un cavalier armé de toutes pièces, la tête couverte d'un heaume cylindrique, brandit son épée au-dessus de sa tête. Le destrier entièrement caparaçonné est lancé vers le côté droit. Tels on représente les seigneurs sur les sceaux équestres. Nous ferons toutefois observer qu'ordinairement ils tiennent leur épée en arrière et non pas au-dessus de leur tête, et que leurs boucliers sont toujours présentés de manière à mettre leurs armoiries en évidence.

Un archéologue distingué, M. Léon Germain, a signalé à Frouard, près de Nancy, une croix qui offre quelques rapports avec celle des Vaux de Cernay. On a sculpté d'un côté un crucifix, de l'autre, au revers, un chevalier qui porte sur son bouclier les armoiries de Ferry de Lorraine, évêque d'Orléans. Ce seigneur donna une charte d'affranchissement au bourg de Frouard en 1296 ; on pense que la croix fut érigée en témoignage de cet acte important.

Il se pourrait que notre croix rappelât un fait analogue, très difficile à préciser faute d'armoiries. Mais là, aux Vaux de Cernay, dans un lieu où la mémoire de saint Thibault était en si grande vénération, cette Vierge et ce chevalier ne seraient-ils pas plutôt une allusion au fait merveilleux rapporté dans la vie de notre saint abbé et qu'on lit dans le *Menologium Cisterciense* publié en 1630 par Henriquez, historiographe de l'Ordre ? On trouve le même récit dans les livres de Hugues Ménard et de Cl. Chalemot, prieur des Vaux, puis abbé de la Colombe.

« Thibault de Marly, tout en s'appliquant à l'exercice des armes, avait une grande dévotion à la bienheureuse Vierge. Un jour qu'il sortait pour rompre des lances avec ses nobles compagnons, il entendit la cloche que l'on sonne avant la célébration des saints mystères. Quittant ses compagnons il entra dans le temple, assista au saint sacrifice avec une ferveur d'autant plus grande qu'on célébrait une fête de la bienheureuse Mère de Dieu pour laquelle il avait une vive affection. Au sortir de l'Église, il rencontra ses compagnons qui le félicitaient de la victoire qu'il venait de remporter et de la récompense qu'il avait obtenue dans la joute et les exercices militaires. — Vous avez, disaient-ils, été supérieur à tout le monde dans ce tournoi d'où nous revenons, et vous avez gagné le prix. — Il leur avait semblé le voir en effet prendre part à leurs jeux monté sur un superbe coursier. A ce récit il rentra dans l'Église pour rendre grâces à Dieu et à sa sainte Mère, et dès ce moment, n'ayant plus que du mépris pour les vanités du siècle et la pompe du monde, il songea à prendre l'habit religieux dans l'ordre de Cîteaux. »

DALLES AJOURÉES. — Sur la *planche XXXIV*, nous avons réuni deux dalles qui ont entre elles des rapports tellement marqués qu'elles paraissent provenir du même monument ; les dessins sont au dixième.

1° En haut est tracée celle qui a été scellée dans la fenêtre basse du pignon méridional du logis du prieur. Largeur, 0^m,95 centimètres ; hauteur, 0^m,80 centimètres ; épaisseur, 0^m,12 centimètres. Au centre est une ouverture circulaire cantonnée de quatre lobes ajourés ; dans les intervalles sont sculptées huit marguerites posées en croix. Les cinq ouvertures sont munies à l'intérieur de feuillures propres à recevoir des vitres. Cette claire-voie est formée par la réunion de quatre dalles taillées en triangles ;

2° Le fragment dessiné au milieu de la planche est la partie droite d'un monument qui n'avait pas moins de deux mètres de longueur et environ

0^m,80 centimètres de hauteur. L'épaisseur de la pierre est de 0^m,19 centimètres en bas et de 0^m,15 centimètres au-dessus du soubassement. On remarque en dedans une entaille circulaire profonde de 0^m,04 centimètres, correspondant à la corde sculptée en relief. Sur la face on voit une colonnette d'angle engagée, une bande ornée de fleurs de lis alternant avec des marguerites, et au centre un cercle de corde entourant un ajour quadrilobé. Quelques autres fragments de dalles ajourées sont également décorées de marguerites.

En se reportant aux visites royales que nous avons racontées dans le Résumé historique, en considérant les fragments dessinés sur notre planche, la décoration de fleurs de lis et de marguerites qui semble rappeler cet anneau d'or enrichi des mêmes emblêmes que le jeune roi Louis avait offert à Marguerite de Provence, on est tenté de regarder ces débris comme les restes du monument élevé vers 1260 en l'honneur de saint Thibault, monument à l'érection duquel la famille royale reconnaissante aurait contribué.

3° CLAIRE-VOIE ou *balustrade*. Le dessin au bas de la planche représente une claire-voie du XIII° siècle, élevée autrefois sur une base continue. L'élévation est à l'échelle de 0^m,10 centimètres, la coupe du soubassement à 0^m,20 centimètres pour mètre. Ce joli morceau de sculpture devait figurer à l'intérieur de l'église.

TOMBES. — Lorsqu'après la suppression du monastère, les bâtiments eurent été vendus, les destructions commencèrent aussitôt ; rien ne fut respecté, pas même les monuments funéraires qui se rencontraient en très grand nombre dans l'église, dans la salle capitulaire, dans les galeries du cloître. Nous avons indiqué précédemment d'après les anciens documents la situation de quelques-unes de ces sépultures, de toutes celles dont le souvenir a été conservé. Les dalles tumulaires ont été vendues pour la plupart, brisées, retaillées, employées aux plus vulgaires usages et perdues sans retour. Les recherches actives de M. le duc de Luynes, de MM. Moutié et Hérard ont fait connaître quelques pierres, et Mme de Rothschild a mis un empressement digne d'éloges à rassembler aux Vaux de Cernay plusieurs de ces monuments mutilés ou dispersés. Les savants auteurs du *Cartulaire* ont écrit un chapitre très intéressant sur l'épigraphie tumulaire ; la description de sept tombes et cinq gravures ont trouvé place dans le grand ouvrage que M. de Guilhermy a publié sur les *Inscriptions de l'ancien diocèse de Paris*, enfin deux bonnes gravures des tombes de saint Thibault et de Jean le vicomte de Corbeil ont paru dans le tome II des *Châteaux historiques de la France;* aussi nous bornerons-nous à donner quelques explications relatives aux sept planches de XXXV à XLI qui reproduisent le dessin au dixième des dalles sauvées d'une entière destruction. Nos dessins tracés d'après des estampages faits vers 1840 indiquent exactement l'état d'usure et de dégradation de ces précieux monuments. Comme les inscriptions sont toutes d'une lecture facile, nous ne les répéterons dans le texte que pour les compléter à l'aide du *Gallia christiana* et supprimer les abréviations. Les lignes seront séparées par deux traits verticaux.

Planche XXXV. — Tombe de saint Thibault de Marly, 1247. Cette humble pierre est le seul monument authentique qui rappelle la mémoire bénie du plus illustre abbé des Vaux de Cernay ; elle occupe maintenant la place d'honneur dans le collatéral de l'église. Inscription :

HIC JACET ¦¦ THEOBALDUS ABBAS....

La planche donnée par M. de Guilhermy n'a pas été exécutée avec tout le soin désirable ; la crosse a été mal dessinée et même retournée.

Planche XXXVI. — Guillaume I, quinzième abbé des Vaux, 1305. En complétant l'inscription à l'aide de la copie donnée par le *Gallia christiana* on lit :

HIC JACET BONE MEMORIE DOMINUS GUILLELMUS ¦¦ UNDECIMUS ABBAS HUJUS CENOBII QUI OBIIT ANNO DOMINI MCCC QUINTO DIE MER ¦¦ CURII IN FESTO BEATI ¦¦ LUDOVICI CUJUS ANIMA REGNA POSSIDEAT SEMPITERNA. ¦¦

La moitié de cette dalle et un fragment sont aux Vaux de Cernay.

SCULPTURES DIVERSES, TOMBES, CARRELAGE, FONTAINES, COLOMBIER, CAVES 111

Planche XXXVII. — Simon de Rochefort, dix-huitième abbé, mort le 21 mars 1328 (nouveau style).

HIC JACET BONE ‖ MEMORIE MAGISTER SIMON DE RUPPEFORTI DOCTOR THEOLOGUS ‖ QUONDAM HUJUS CENOBII ABBAS ‖ XIII QUI OBIIT ANNO DOMINI MCCCXXVII IN DIE BEATI BENEDICTI REQUIESCAT ‖ IN PACE AMEN.

Ses contemporains avaient une si haute idée de ses lumières et de ses vertus, qu'ils ajoutèrent sur sa tombe ces deux mauvais vers où les éloges ont été accumulés d'une manière bizarre :

CLERI SOL, LUNA, LUX, LAUS, FONS, FLUVIUS, ÆQUOR,
REGULA, LIMA, DECOR, PETRA JACET ISTE SUB UNA.

« Le soleil, la lune, la lumière, la gloire, la source, le fleuve, la mer, — la règle, la lime, l'ornement du clergé gît sous une seule pierre. »

Cette dalle rachetée par M. le duc de Luynes a été gracieusement offerte à Madame de Rothschild qui l'a fait dresser dans le collatéral de l'église abbatiale.

Planche XXXVIII. — Jean III, vingtième abbé des Vaux, de 1348 à 1364, devint abbé de Fontaines-les-Blanches près d'Autrèche en Touraine et revint finir ses jours aux Vaux de Cernay vers 1367. Le bas de cette tombe a été coupé ; de l'inscription il ne reste plus que ces mots :

... JACET DOMINUS IOH ‖ ANNES QUONDAM ABBAS DE FONTANIS IN TURONIA REQUIESCAT....

Cette dalle avait été transportée à Vieille-Église.

Planche XXXIX. — Jean le vicomte de Corbeil. Cette tombe a été découverte en 1873 devant la petite chapelle du transept méridional: nous en avons dès cette époque communiqué le dessin et la description à nos collègues de la Société archéologique de Rambouillet.

Cette dalle est longue de 2^m,20 centimètres, large de 1^m,20 centimètres en haut et de 1 mètre seulement en bas, du côté qui était placé au levant.

L'angle supérieur à la droite du défunt a été brisé et perdu. L'épitaphe en majuscules gothiques gravées par une main inhabile commence au milieu du côté supérieur ; on lit :

..... *CI GIST MO ‖ NSEIGNEUR JEHAN LE VICOUNTE DE COURBUEL JADIS CHEVALIER QU ‖ I TRESPASSA L'AN DE GRAC ‖ E MIL CCC ET XXIII LE XXIIII JOUR DE MAY PRIEZ POUR*.....

Sous une arcade ogivale et subtrilobée ornée de crochets, accompagnée de colonnettes, de pieds-droits élégants, et de deux anges balançant des encensoirs dans les angles supérieurs, le chevalier est représenté, les mains jointes sur la poitrine, revêtu d'un haubert qui protège tout son corps. Sa cotte d'armes armoriée est largement fendue pour le passage des bras. Un ceinturon garni de perles et de petites croix grecques retient l'épée passée sous l'écu. Ce seigneur portait losangé de..... et d'hermine, à la bande diminuée ou cotice de..... brochant sur le tout. Les épaules reposent sur un coussin losangé comme la cotte d'armes et garni de houppes. Les pieds armés d'éperons s'appuient sur un lévrier. On regrette la disparition des incrustations de marbre qui représentaient le visage et les mains. Au-dessous des coudes, de petits écussons en métal manquent également ; on voit encore les entailles peu profondes qui les recevaient, et les trois trous creusés pour les scellements.

Nous n'avons trouvé aucun renseignement précis sur ce personnage qui aura obtenu par quelque bienfait le droit de sépulture dans l'église des Vaux. On sait seulement que les comtes de Corbeil devenus héréditaires avaient institué, pour les représenter au besoin, des vicomtes qui eurent pour apanage la seigneurie de Fontenay surnommée le Vicomte, et que l'abbaye des Vaux avait dès le xiie siècle aux environs de Fontenay des fermes importantes, Boillonnel ou Boullineau, Roissy, Lavarville, Quinquempoix, donations d'André d'Ormoy. Nous ajouterons que le *Nobiliaire et Armorial* du comté de Montfort publié par MM. Maquet et de Dion cite une famille le Vicomte qui portait losangé hermine et gueules. La tombe de Jehan le Vicomte est dressée maintenant près de la porte de l'église.

SCULPTURES DIVERSES, TOMBES, CARRELAGE, FONTAINES COLOMBIER, CAVES 113

Ici encore nous avons une remarque à faire sur la planche insérée dans le tome V des *Inscriptions du diocèse de Paris*. Les losanges non mouchetés d'hermine ont été couverts de noir, ainsi que la cotice brochant sur le tout, et les entailles destinées à recevoir des écussons en métal. Rien ne motive l'emploi, souvent répété dans le même ouvrage, de ces taches noires fort disgracieuses.

Planche XL. — Michel de Neaufle, 1302. Cette grande et belle pierre tombale qui n'est jamais sortie de l'abbaye est dressée à droite en entrant dans l'église. Quoiqu'on ne rencontre dans le *Cartulaire* aucune pièce relative à ce personnage, il doit être compté parmi les bienfaiteurs de l'abbaye. On sait qu'il était un des banquiers chargés du paiement des dépenses de l'hôtel du roi Philippe III. Il prit part comme trésorier-payeur à la fatale expédition de 1285 en Aragon; une page lui a été consacrée dans le *Nobiliaire* de Montfort. On lit autour de son effigie :

HIC JACET BO ǁ NE MEMORIE MICHAEL QUONDAM BURGENSIS DE NEALP ǁ HA CASTRO QUI OBIIT ǁ ANNO DOMINI MCCC SECUNDO II KALENDAS OCTOBRIS ANIMA EJUS REQUIESCAT ǁ IN PACE AMEN.

Et sur l'archivolte de l'arcade est gravée encore cette double sentence :

ESSE NECESSE MORI CORDE TENE MEMORI. MEMENTO FINIS.

Tous les détails de cette tombe avaient été traités avec beaucoup de soin. Les creux des lettres et du dessin ont conservé des traces des mastics colorés qui devaient produire un effet d'une grande richesse.

Planche XLI. — Pendant l'abbatiat de Michel Buffereau, Andry Lasne et Simone, sa femme, avaient fait une importante donation à l'abbaye des Vaux. La grande dalle qui recouvrait les corps des deux époux servait, il y a une trentaine d'années, de foyer dans une maison de Vieille-Église. L'épitaphe en minuscules anguleuses est ainsi conçue :

CY GIST ANDRY LASNE EN SON VIVANT MARCHAND DE TRAPPES QUI TRESPASSA LE XVI· JOUR DE FÉVRIER LAN DE GRACE ǁ MCCCC IIIJ XX XIX PRIEZ DIEU POUR LUY AMEN ǁ CY GIST SIMONE FÈME DUDIT ANDRY QUI TRESPASSA.

DESCRIPTION

La date du décès de Simone n'a jamais été gravée ; on en peut conclure que cette dame mourut après son mari. Jusqu'en 1564 l'année, en France, commença le jour de Pâques. La date véritable du décès d'Andry Lasne est donc le 16 février 1500.

Outre ces tombes à peu près entières, on a recueilli un grand nombre de fragments qui ne présentent plus que des restes d'effigies, ou des mots sans suite. Sur un morceau de pierre qui formait l'angle supérieur d'une tombe on lit un nom propre :

... IE REUI ‖ NALDUS DE...

et sur un autre fragment qui, employé à couvrir un puisard, avait échappé aux recherches de M. Moutié.

... DONNUS ‖ DANIEL Q...

Les autres débris ne peuvent fournir aucun renseignement utile ; il ne faut pas oublier, en les rapprochant, de tenir compte de leur épaisseur qui ne devait guère varier dans la même dalle.

CERCUEIL. — On a découvert dans le jardin, non loin de la salle capitulaire, un cercueil en pierre calcaire et quelques débris du couvercle. Longueur 2^m,08 centimètres ; largeur 0^m,80 centimètres à la tête et 0^m,56 centimètres aux pieds ; épaisseur des côtés 0^m,10 centimètres ; profondeur 0^m,40 centimètres.

CARRELAGE. — *La planche XLII* présente au quart de la grandeur réelle le dessin des carreaux anciens qui ont été retrouvés. Les ornements se détachent en jaune sur un fond d'un brun verdâtre. Quelques carreaux jaunes tout unis sont de forme hexagone, d'autres en losanges très allongés.

Malgré les défenses réitérées du chapitre de Citeaux, beaucoup de monastères cédant à l'entraînement général, cherchèrent, dès le temps de saint Louis, dans l'éclat des carrelages et des peintures une compensation à la sévérité de l'architecture cistercienne.

La fabrication de ces terres cuites décorées était des plus simples. On façonnait des carreaux d'argile, et avec un moule d'un faible relief on imprimait les dessins en creux. Ce creux était rempli d'argile colorée, puis sur le tout, on appliquait le vernis plombifère, sorte de glaçure brillante d'une grande dureté, et d'une teinte jaunâtre tant qu'elle n'avait pas été mélangée avec certains oxydes métalliques. La couverte plombifère fut inventée par un artisan de Schelestadt dans la seconde moitié du xiii° siècle.

Table d'Autels. — Nous avons pu en dessiner trois. La plus grande mesurait 3^m,44 centimètres sur 0^m,91 centimètres. Elle avait été creusée d'une entaille assez profonde pour recevoir une pierre consacrée. Son profil comprend un listel, un cavet, un tore, puis un second listel plus étroit et un large cavet. Une table d'aussi grande dimension et plus ornée que les autres semble convenir surtout au maître-autel. Les autres tables ont l'une 2^m,45 centimètres sur 0^m,92 centimètres, l'autre 1^m,45 centimètres sur 0^m,75 centimètres et pour toutes moulures un listel et un cavet.

Fenêtre et Rose. — Parmi les débris se trouve la partie centrale des divisions d'une grande fenêtre qui offrait deux arcades en plein cintre subtrilobées, et au dessus deux roses à quatre redents. Le diamètre des arcades et des roses était de 0^m,66 centimètres.

Quelques voussoirs à redents sont les restes d'une rose qui pouvait avoir un mètre de diamètre et douze voussoirs.

Sur deux autres voussoirs provenant d'arcs ornés d'un tore nous avons remarqué deux signes d'appareilleurs, l'un en triangle, l'autre en forme de T.

Porte. — Une clef et un voussoir en grès ont fait partie d'une porte qui mesurait 1^m,55 centimètres de largeur. Les moulures arrondies creusées dans l'arête ont de la ressemblance avec les moulures de la porte de la basse-cour, construction de la fin du xv° siècle figurée sur la *planche XVI*. Sur la clef sont sculptées les armoiries de l'abbaye soutenues par deux lions grossièrement taillés ou fort dégradés ; la crosse abbatiale est tournée à sénestre. Cette largeur et cette ornementation ne pouvaient convenir qu'à l'une des portes principales de l'abbaye, soit au logis abbatial, soit à l'entrée du vestibule central où elle a pu être remplacée, au xvii² siècle, par la porte à bossages que l'on voit encore maintenant.

Fontaine de Saint-Thibault. — C'est une source fraîche, limpide et abondante qui se trouve à 75 mètres environ au sud-est du chevet de l'église. Elle était visitée par les fidèles qui venaient en grand nombre honorer et invoquer le saint abbé pendant les fêtes de la Pentecôte. On buvait de cette eau contre la fièvre. La grotte peinte qui la recouvrait au siècle dernier avait été remplacée par un pavillon carré de $3^m,50$ centimètres dans œuvre. Le bassin carré, dallé au fond, avait $1^m,70$ centimètres de profondeur ; par une inspiration regrettable on l'avait encadré, en guise de margelle, avec six clefs d'arcades de la Renaissance. Nous avons dit en parlant du cloître que ce pavillon vulgaire fut remplacé en 1876 par le gracieux édicule où l'on a réuni et employé la plupart des restes du cloître du xvi² siècle. La source alimentait un canal qui se dirigeait en droite ligne vers le nord sur une longueur de 145 mètres.

Le Colombier, *planche XLIV* est à 140 mètres environ à l'est de l'église. Bâti sur un plan circulaire, il avait intérieurement 8 mètres de diamètre et une hauteur égale. Il était renforcé par six contreforts peu élevés. Les trous de boulins étaient espacés de $0,^m45$ centimètres environ. Avant 1870 la toiture conique a été supprimée et de larges ouvertures de forme ogivale ont été percées entre les contreforts ; le propriétaire d'alors prétendait faire passer cette bâtisse mutilée pour un baptistère des anciens temps ! C'est là, sous une table d'autel, que nous avons retrouvé les beaux chapiteaux qui avaient été enlevés de la porte de l'église.

Fontaine et Cave *du jardin potager*. — Au nord de l'enclos, sous le chemin qui conduit au Grand-Moulin, a été creusée une cave dont nous donnons sur la *planche XLIII* le plan et deux coupes à l'échelle de $0^m,01$ centimètre, et quelques détails à $0,^m05$ centimètres pour mètre. La longueur intérieure est de 9 mètres, la largeur totale de 7 mètres. Au milieu est une galerie large de 2^m,50 centimètres voûtée en berceau avec arcs doubleaux bandés à 2 mètres de hauteur. Au fond un bassin carré reçoit les eaux très limpides d'une source légèrement ferrugineuse. A droite et à gauche s'ouvrent quatre caveaux latéraux qui ont 2^m,25 de longueur, 1^m,50 centimètres de largeur et seulement 1^m,20 centimètres de hauteur. Les cinq arcs doubleaux sont posés sur des consoles. Toute la construction a été faite avec beaucoup de soin.

Au midi de l'église et non loin de la porte Notre-Dame se trouve un monticule coupé en partie maintenant par le chemin creusé pour mettre les deux parcs en communication ; nous l'avons entendu quelquefois désigner sous le nom de *Parnasse*. Cette appellation est-elle ancienne ? Est-ce le poète Ph. Desportes, abbé commendataire, qui la lui a imposée ? Nous l'ignorons. Sous cet agréable bocage se trouve une Cave disposée comme celle que nous venons de décrire. On descend à 2^m,50 centimètres du sol extérieur par un escalier de dix-sept degrés dont la voûte en berceau est bandée par ressauts. La galerie a 4^m,60 centimètres de longueur, 1^m,70 de largeur et 2^m,40 de hauteur. Les quatre caveaux latéraux ont chacun 1^m,85 centimètres de longueur, 1^m,35 de largeur et 1^m,50 centimètres de hauteur.

Nous avons vu et dessiné plusieurs caves présentant les mêmes dispositions, une galerie centrale et des caveaux latéraux : à Chevreuse, rue de Versailles, n° 4 et n° 6 ; à Coignières sous l'emplacement de la maison seigneuriale ; à Yvette sous les terrasses du prieuré ; au Plessis-Saint-Thibault dans la forêt de Marcoussis, et à Montlhéry, les caves de Saint-Louis, au pied du donjon. M. de Dion a signalé une cave de ce genre fort bien appareillée au presbytère de Garancières près de Montfort-l'Amauri, et d'autres d'une structure plus négligée sous diverses maisons de cette dernière ville.

Il y avait encore dans l'enclos de l'abbaye quelques autres constructions qui ont entièremen disparu. D'abord le logis abbatial situé près du chevet de l'église, et qui n'a été abandonné qu'à la fin du xviie siècle comme nous le verrons plus loin, et d'après A. Lenoir, les restes d'une tour isolée qui contenait les archives. La déclaration de l'année 1756 fait savoir que dans le parc, lequel était autrefois en étang, se trouvaient les maisons de plusieurs serviteurs de l'abbaye, du jardinier, de la blanchisseuse, du premier maçon, du second limousin et du menuisier. Cette désignation est assez vague, et il est possible que ces habitations aient été élevées sur le territoire chartrain vis-à-vis du moulin.

VIII. — DÉPENDANCES DE L'ABBAYE

Au sortir de l'abbaye nous indiquerons les constructions qui se trouvaient dans son voisinage immédiat. Partant du nord, du bout de la chaussée de l'étang, nous rencontrons d'abord :

Le Pont. — Ses deux arches ogivales sont construites en grès. Le plan et l'élévation à $0^m,005$ millimètres pour mètre, *planche XLIV*, nous dispenseront de toute description. Là se trouvait la porte du nord et, pour la protéger, un réduit muni de quelques meurtrières.

Le Lavoir. — A l'autre bout de la chaussée, à droite, se présente un ancien bâtiment dont les deux côtés démolis, offraient peu d'intérêt. Le pignon du nord, appuyé par deux contreforts et un troisième au levant, était percé de deux fenêtres rectangulaires éclairant deux étages, *planche XLIV*. Les eaux de l'étang baignaient deux côtés de ce bâtiment qui mesurait en dedans 9 mètres, sur $5^m,70$ centimètres. Au couchant s'ouvraient deux arcades ogivales larges de $3^m,30$ centimètres et séparées par une pile de $0^m,50$ centimètres. Cette situation convenait parfaitement à un lavoir avant la formation des atterrissements qui finirent par obstruer les arcades. A peu de distance de ces arcades, on a découvert les restes de deux cuves en maçonnerie ayant $1^m,40$ centimètres de diamètre intérieur et qui paraissent avoir été destinées au lavage des laines.

Le Moulin. — Entre le lavoir et la porte de la basse-cour se trouvait le moulin de l'abbaye. La *planche XLV* conservera le souvenir de cette ancienne construction qui a bien changé d'aspect depuis quelques années. A l'angle de la *planche II*, est le plan du sous-sol montrant la position de la roue motrice et le lieu où s'opérait la mouture. L'aile qui fait saillie au nord nous paraît mériter une attention particulière. Les trois grandes arcades ogivales ouvertes au couchant, le long fenêtrage au nord, la proximité de l'eau vive qui s'échappait du moulin, nous font supposer que cette salle était destinée à la préparation des cuirs. Il y avait toujours une tannerie ou corroierie près des grands monastères. Plusieurs chartes du xie siècle nous montrent que si les chevaliers recevaient un cheval comme épingles à l'occasion de concessions, les moines donnaient aussi une paire de souliers de cordouan à leurs enfants. Nul doute sur la continuation de cet usage quoiqu'on omit ce détail dans les chartes moins naïves du xiie siècle.

La *planche XLV* donne en bas le plan au centième des deux côtés les plus intéressants de la tannerie, et en haut l'élévation du pignon du nord. Au milieu, nous avons tracé en N une des fenêtres de la salle haute, côté du nord, en C une des deux fenêtres ouvertes au couchant, vues toutes deux en dedans, en L et L' les portes anciennes de la même salle, toutes deux du côté du levant. L'eau tombée au bas de la roue arrivait dans la tannerie par un chenal souterrain ; il est probable qu'elle alimentait un bassin couvert approprié au travail des tanneurs ; maintenant encore elle suit la même direction dans un canal voûté sans interruption.

La Grange. — Au-delà de l'église on rencontrait à gauche un groupe de maisons établies en partie dans l'ancienne grange de l'abbaye. La démolition récente de ces masures a heureusement dégagé ce qui restait encore du pignon septentrional de la grange ; *Planche XLIV*. La porte centrale large de 2^m,25 centimètres, haute de 2^m, 70 centimètres soigneusement construite et chanfreinée était surmontée d'un arc bombé. Elle s'ouvrait ainsi que deux fenêtres hautes entre deux vigoureux contreforts. A gauche se voit encore une des petites portes de la grange. Il est probable que ce bâtiment avait

14 mètres de largeur sur 30 mètres environ de longueur et qu'il était divisé en trois nefs. Ces dimensions sont inférieures à celles de la belle grange du prieuré de Haute-Bruyère qui a été si malheureusement détruite par un incendie en 1877 ; elle mesurait 17^m,50 centimètres sur 12^m,50 centimètres dans œuvre.

La grange touchait à la maison habitée par le jardinier en 1736, et elle joignait vers le midi les constructions voisines de la porte de Notre-Dame ou de l'abbaye. Là devait se trouver l'Hopital pour les malades du dehors et une Hotellerie pour les pauvres voyageurs. Vers 1180, Simon, seigneur de Neaufle, avait confirmé le don d'une rente de dix sols parisis fait par son frère Gui, seigneur de l'Etang, en faveur de l'hospice des pauvres des Vaux de Cernay. Amicie de Montfort accorda aussi à cet hospice ou infirmerie des pauvres du Christ le droit d'usage pour quarante porcs dans ses défens.

Quelques indications sur les bâtiments situés dans la cour de l'abbaye et tous démolis de nos jours se lisent dans un devis pour les travaux à exécuter aux Vaux de Cernay. Ce projet avait été dressé en 1722 par le frère Romain, architecte.

« La maison servant de cabaret tombe en ruines ; elle contient 9 toises 2 pieds (18^m,20 centimètres) de long dans œuvre sur 25 pieds (8^m,10 centimètres) de large. Il est nécessaire de la refaire tout à neuf et faire l'escalier hors œuvre. Un mur sera maçonné pour fermer le jardin du cabaret le long de la rue en 9 toises (17^m,54 centimètres) de longueur. »

« Réparations à faire à la maison du chirurgien, à côté de la porte appartenant aux religieux. Le long de la rue pour fermer le jardin du chirurgien il sera fait un mur de 27 toises et demie (52^m,60 centimètres) de long sur 9 pieds de haut. »

« Dans une autre maison au-dessus de la Prison il y a une cuisine à carreler. On rétablira le jambage de la porte de la prison et on bouchera un trou. »

Il est présumable qu'une partie de ces constructions se trouvaient entre les deux portes, dans le hameau. La maison servant de cabaret s'élevait à côté et au-dessus de la Porte Notre-Dame ou porte de l'abbaye. Sur la *planche XLVI* sont dessinées les portes de l'abbaye et du hameau à l'échelle de 0,005 millimètres pour mètre. La porte charretière construite en pierre meulière et à plein cintre laisse un passage de 3^m,80 centimètres. La hauteur de l'arcade qui était primitivement de 4^m,70 centimètres n'est plus que de 3^m,80 centimètres par suite de l'exhaussement continu du sol. En côté, selon l'usage généralement adopté, se trouvait une porte plus petite et également cintrée pour le passage des piétons et même des bêtes de somme, car elle n'a pas moins de deux mètres de largeur. Il est regrettable que cette porte ait été supprimée ; elle ajoutait à l'importance de l'entrée, et lui donnait un aspect bien caractérisé. Ces deux passages n'étaient pas voûtés. Au midi trois contreforts portaient à 8 mètres au-dessus du sol des corbeaux en grès propres à recevoir un hourd et à défendre l'approche de cette entrée. L'arcade ogivale en pierre calcaire qui se voit au-dessus de la porte a été placée là vers 1875 ; il est possible, avons-nous dit, qu'elle provienne de l'ancien cloître.

L'Auditoire ou tribunal a dû occuper une salle voisine de la porte de l'abbaye jusqu'à l'époque de la construction du nouvel hôtel abbatial.

La Porte du Hameau est à 82 mètres au midi de la porte de l'abbaye ; elle a la même largeur, 3^m,80 centimètres. C'est une grande arcade ogivale bandée en pierre meulière et portée par des jambages en grès. La petite baie était une porte rectangulaire surmontée d'un linteau. Les contreforts portaient des corbeaux en grès à 4^m,50 centimètres au-dessus du sol. Au côté du couchant on remarque des bâtisses anciennes et entre autres la petite porte tracée sur la *planche XLVI* et qui devait donner accès dans la Grande Vacherie ou Maison-Neuve.

IX. — HOTEL ABBATIAL

L'abbé avait la direction suprême du monastère. La règle de Saint-Benoît exigeait qu'il fût instruit de la loi de Dieu, charitable, prudent, discret. Il doit surtout, dit-elle, donner le bon exemple, faire exécuter la règle et l'observer lui-même comme le plus petit de ses frères. Qu'il se garde bien de négliger les âmes pour s'appliquer davantage aux choses temporelles. Il doit tout faire avec conseil. Dans les moindres choses il consultera seulement les anciens ; mais dans les plus importantes, il assemblera toute la communauté, examinera les avis, et ensuite prendra une décision. Quoiqu'il eût une cuisine et un logis à part, afin de recevoir honorablement les hôtes sans distraire la communauté, il n'était ni mieux nourri, ni mieux vêtu que les autres moines. Chaque année au mois de septembre, il devait assister au chapitre général réuni à l'abbaye de Cîteaux. Ce pouvoir supérieur était un frein puissant contre le despotisme ou la mollesse des abbés. Un moyen non moins efficace pour éviter le relâchement, c'était la visite annuelle faite par le père immédiat de chaque monastère.

L'abbé était élu par la communauté et par les abbés des monastères dépendants de l'abbaye vacante. Il était nommé à vie. Il choisissait les fonctionnaires de l'abbaye. Le prieur était son premier auxiliaire, son principal conseiller.

Tant que ces sages prescriptions restèrent en vigueur, l'habitation de l'abbé fut à proximité du monastère et située de manière à faciliter la surveillance de tous les services. Sa demeure était modeste, mais convenable pour relever sa dignité. Tel devait être aux Vaux de Cernay l'ancien logis abbatial qui se trouvait près du chevet de l'église. Mais depuis que les abbayes étaient tombées en commende, depuis que le titre d'abbé devenu une sinécure lucrative n'obligeait plus à aucun des devoirs de la vie religieuse, il n'est pas surprenant de voir les titulaires des abbayes rechercher tout ce qui pouvait embellir leurs résidences, en augmenter les agréments.

Entre l'étang des Vaux et le chemin d'Auffargis, sur le territoire chartrain, se trouvait la ferme de la Basse-Cour dont les bâtiments se divisaient en Grande Vacherie ou Maison-Neuve et en Petite Vacherie.

C'est sur l'emplacement de la Petite Vacherie qu'Armand de Chalucet, abbé commendataire de 1672 à 1712, fit élever le nouvel hôtel abbatial, à 130 mètres de la façade de l'église.

Dans ces derniers temps l'abbatial comprenait deux bâtiments d'habitation placés bout à bout du nord au midi. Le corps de logis principal au nord avait 30 mètres de longueur et 9 mètres de largeur. Les deux extrémités faisant une légère saillie atteignaient une largeur de 10 mètres. Il n'y avait dans l'origine qu'un rez-de-chaussée et un comble à la mansart qui a été conservé jusqu'en 1840 environ. Les encoignures et la porte centrale sont en grès bien appareillé. Il est probable que les fenêtres étaient encadrées de briques.

L'autre bâtiment désigné sous le nom de la Petite-Maison est moins élevé que le précédent ; il a conservé son comble brisé. Il mesure 26 mètres sur 8 mètres. Deux ailes le précédaient au levant. Un perron de cinq ou six marches est en avant de la porte. A l'intérieur une salle de bonne apparence est encore décorée de niches et d'anciennes boiseries. Du côté du midi était la Salle d'Audience qui, d'après l'inventaire dressé en 1792, était garnie d'un siège pour le juge, d'un autre siège pour le greffier, d'une table et de trois bancs, le tout en bois de chêne. Au-dessus de la porte d'entrée un cadran solaire portait cette inscription : *Vix tenes aufugi;* à peine me tiens-tu, que je t'échappe. Cet hôtel bâti sur une légère éminence, dans une heureuse situation, domine l'étang, et touche au midi à un bois assez touffu, aussi le premier président Guillaume de Lamoignon, beau-père de la sœur de l'abbé de Chalucet, aimait-il à y faire quelque séjour.

L'historien du diocèse de Paris, le savant abbé Lebœuf qui visita les Vaux de Cernay vers 1750, rapporte un fait assez curieux. « Dans le voisinage est un étang qui supporte des isles flottantes soutenues par l'enchaînement des racines des arbres. On m'a assuré qu'on va s'y promener et y manger au milieu de l'étang par le moyen de cette isle ambulante que l'on avait rapprochée du bord. » Nous avons vu des îlots analogues se former dans les lieux marécageux, dans les eaux dormantes de plusieurs carrières abandonnées ; il en existe encore en Hollande.

La superbe grille en fer forgé qui a été posée récemment à l'entrée du parc sur la route d'Auffargis provient du château d'Arnouville près de Gonesse, ancienne propriété de la famille de Machault qui portait : d'argent à trois têtes de corbeau de sable, arrachées de gueules.

A deux kilomètres de l'abbaye près de Cernay-la-Ville, on voit au sommet d'un côteau aride les ruines de trois piliers, signes de la haute justice qui appartenait à l'abbaye. La tradition rapporte que ce gibet n'a servi à aucune exécution; aussi, comme dans quelques autres localités, les appelle-t-on les Pucelles. Construits en pierre meulière, ils étaient couronnés de grosses boules en grès ; l'écartement entre les piliers était de 5^m,50 centimètres. Ces débris n'ont pas un grand intérêt, mais on ne saurait trop recommander aux visiteurs de l'abbaye de gravir ce côteau afin d'admirer un des plus beaux points de vue de la vallée.

Le côteau des Pucelles domine un étang et le Grand-Moulin nommé autrefois moulin Guillier, ancienne construction dont la porte est encore décorée des armoiries du monastère. Les prairies marécageuses et les bois environnants offrent aux botanistes quelques-unes des raretés de la Flore parisienne.

Au-dessous du Grand-Moulin le ruisseau s'engage dans un défilé singulièrement agreste, dans un vallon bien connu des artistes, car il est rare de trouver dans un si petit espace autant de variété, autant de motifs gracieux ou sauvages. Des entassements de rochers heureusement groupés, des eaux limpides et les belles plantes qui se plaisent sur leurs bords, des cascades en miniature, une grotte rustique, un sentier accidenté, de beaux ombrages, des étangs, des moulins aux chutes d'eau pittoresques, et plus loin de vastes prairies ! Voilà de quoi attirer et satisfaire les esprits avides de contempler la nature dans sa simplicité charmante, ceux qui aiment ce que chantait le poète, les ruisseaux qui courent à travers une riante campagne, les rochers couverts de mousse, et les frais ombrages !

. . . . *ruris amoeni*
Rivos, et musco circumlita saxa, nemusque.

En terminant ici la description de l'abbaye et de ses dépendances immédiates, nous pensons que rien d'important n'aura échappé à nos recherches : nous espérons que ce travail ne sera pas sans utilité, nous souhaitons surtout qu'il fasse mieux connaître, apprécier davantage l'un des monuments les plus importants et les plus vénérables du canton de Chevreuse.

§ 2. — *Costume des moines de Cîteaux*

Nos dessins et la description minutieuse du monastère permettent de se faire une idée de ce qu'il a été ; pour que l'imagination puisse plus facilement repeupler l'église et le cloître, nous donnons sur la *planche XLVII* et d'après le Père Hélyot quatre costumes de religieux cisterciens.

Lorsque les ordres monastiques ont été fondés, les religieux adoptèrent le costume ordinaire des pauvres et des gens de la campagne. Les cisterciens se servirent d'abord de laine commune et non teinte ; plus tard ils adoptèrent la laine noire et la laine blanche.

Le vêtement de dessous était une tunique ou robe étroite qui descendait à mi-jambe. Les religieux mettaient par dessus une coule ou cucule blanche, sorte de robe très large avec des manches et un capuchon. Cet habillement était si commode qu'il resta commun à tout le monde jusqu'au XVe siècle. La coule était serrée par une ceinture de laine noire. Un scapulaire long et étroit et un capuce noir complétaient le costume ordinaire dans la maison. Pendant le travail les moines ôtaient leur coule et la remplaçaient par un scapulaire muni d'un capuchon. Ils avaient pour chaussures des bas et des souliers.

Au chœur, ils mettaient une coule blanche et pardessus un capuce avec une mozette qui se terminait en rond par devant jusqu'à la ceinture, et par derrière en pointe jusqu'à mi-jambe. Hors de la maison, les cisterciens avaient une coule et un grand capuce noir; on y joignait en voyage des culottes et des guêtres.

Les frères convers qui se livraient davantage aux travaux manuels portaient toujours des vêtements de couleur grise ou tannée; leur scapulaire tombait seulement d'un pied au-dessous de la ceinture, et se terminait en rond. Leur capuce était de même forme que celui des pères, et au chœur ils portaient un grand manteau.

Le costume des novices clercs était tout blanc.

Les frères convers ne se rasaient jamais la barbe; les moines au contraire se rasaient plusieurs fois l'an, et même, dans les derniers siècles tous les quinze jours.

Chacun avait deux tuniques et deux coules, soit pour changer pendant la nuit, soit pour les laver. L'abbé donnait en outre à chaque religieux un mouchoir, une ceinture, un couteau, une aiguille pour réparer ses vêtements, des tablettes et un poinçon à écrire.

§ 3. — *Armoiries*

Les armoiries donnent souvent des renseignements utiles pour déterminer la provenance des livres, des tentures, des meubles anciens. C'est pour ce motif que nous énonçons ici les armoiries des abbés des Vaux de Cernay.

Au bas de la *planche IV* est dessiné l'écusson que l'on voit sur le sceau de Michel Buffereau, trente-quatrième abbé des Vaux, de 1495 à 1503 : trois fleurs de lis rangées en chef et trois croissants montants posés 2 et 1 en pointe ; au-dessus une crosse abbatiale tournée à dextre. Ce même écu se trouve sur deux pilastres du cloître et sur deux voussoirs de portes, l'une détruite, l'autre conservée au Grand-Moulin.

Le premier abbé commendataire des Vaux, Antoine Sanguin, cardinal de

Meudon, portait : d'argent à la croix endentée de sable, cantonnée, de 4 merlettes du même émail.

La famille Guillard qui possédait la seigneurie de l'Épichellière avait pour armes : de gueules à 2 bourdons de pèlerin d'or posés en chevron, accompagnés de 3 rochers d'argent, 2 en chef et 1 en pointe.

Mathurin Vincent appartenait à une famille noble des Pays-Bas, depuis longtemps établie dans le Ponthieu ; on sait que la licorne figurait dans ses armoiries.

Le cardinal de Joyeuse eut pendant fort peu de temps la commende des Vaux. Les armes des Joyeuse étaient : Ecartelé, au 1 et 4 pallé d'or et d'azur, au chef de gueules chargé de 3 hydres d'or ; au 2 et 3 d'azur au lion d'argent à la bordure de gueules chargée de 8 fleurs de lis d'or qui est Saint-Didier.

Philippe Desportes, fils d'un bourgeois de Chartres, n'avait pas d'armoiries. Nous avons vu précédemment que sur le monument commémoratif élevé par les soins de son frère dans l'église abbatiale de Bonport, on avait sculpté trois portes, emblème parlant du nom du poète.

Henri de Verneuil brisait les armes de France d'un bâton de gueules péri en barre.

Jean Casimir portait comme roi de Pologne : de gueules à l'aigle d'argent couronnée membrée et becquée d'or (qui est Pologne) ; parti de gueules à un cavalier armé d'argent tenant une épée nue en sa main dextre, et en l'autre un écu d'azur à une double croix d'or qu'on nomme patriarcale ; le cheval bardé d'argent houssé d'azur et cloué d'or (qui est Lithuanie).

La famille Bonnin de Chalucet-Messignac avait pour armoiries : de sable à la croix ancrée d'argent.

Les de Broglie portaient : d'or au sautoir ancré d'azur.

Enfin l'évêque de Limoges Duplessis d'Argentré avait sur un champ d'argent une croix pattée d'azur.

Les armoiries des principaux abbés commendataires sont reproduites sur la *planche XLVIII* avec l'emblème de Desportes.

FIN.

TABLE DES MATIÈRES

Avant-Propos. . . . . vii-x

INTRODUCTION

I. — Notes à propos de la fondation de l'Abbaye des Vaux de Cernay. 1
II. — Etude sur les Eglises de l'ordre de Citeaux (8 planches) 12

RÉSUMÉ HISTORIQUE

I. — Abbés réguliers. 30
II. — Situation de l'Abbaye au seizième siècle 49
III. — Abbés commendataires 54

DESCRIPTION

I. — Indications générales (5 planches). 66
II. — L'Eglise (6 planches) 70
III. — Le Bâtiment du Dortoir (5 planches) 81
IV. — Le Réfectoire, la Cuisine et la Galerie (2 planches) 88
V. — Le Logis des Convers, le Vestibule et le Logis du Prieur (8 planches). . . 93
VI. — Le Cloître (8 planches). 99
VII. — Sculptures diverses, Tombes, Carrelage, Fontaines, Caves, Colombier (11 pl.). 106
VIII. — Dépendances de l'Abbaye, Pont, Lavoir, Moulin, Grange, Portes (3 pl.). . 118
IX. — Hôtel abbatial, Notes sur le costume des moines Cisterciens, et sur les armoiries des abbés commendataires (2 planches). 122

Tours. — Imp. DESLIS FRÈRES

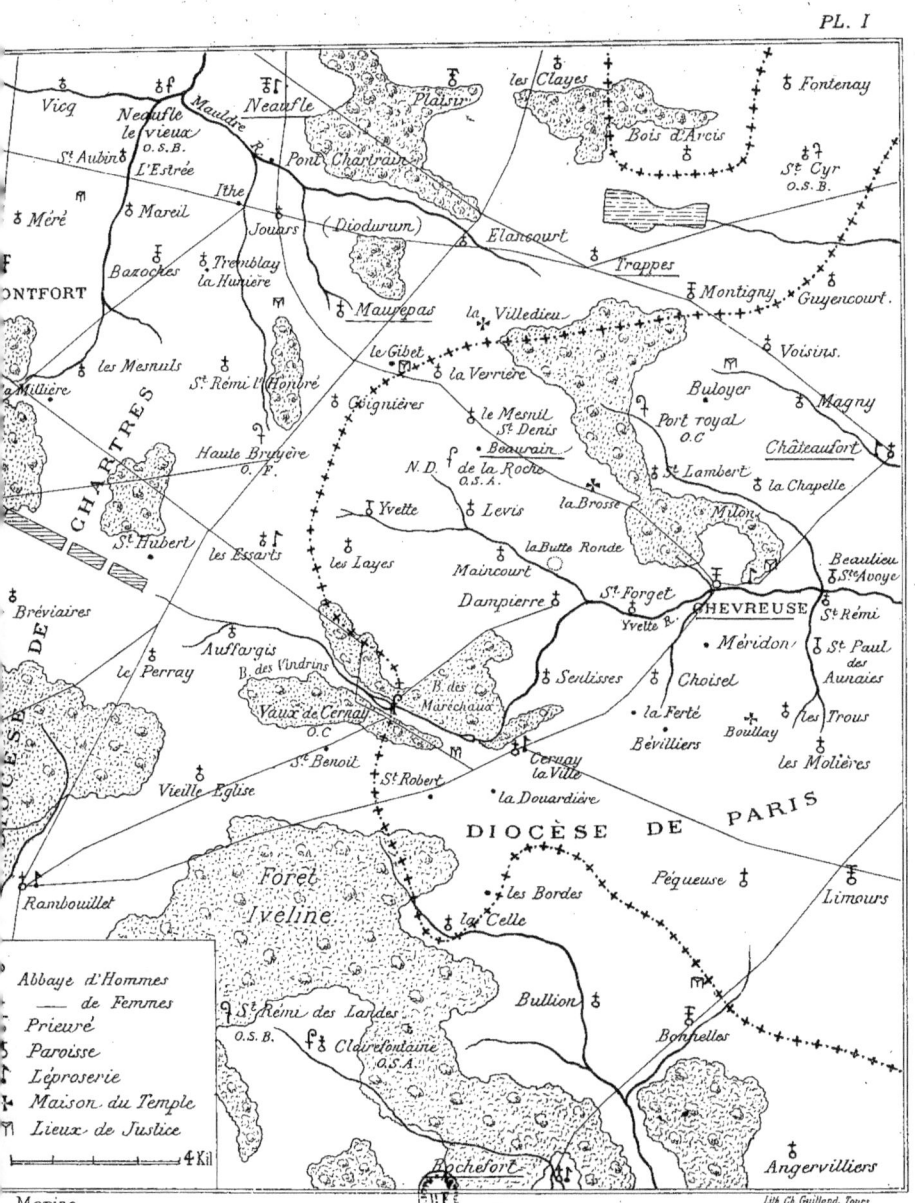

Carte des Environs des Vaux de Cernay

Vaux de Cernay   PL. I^{bis}

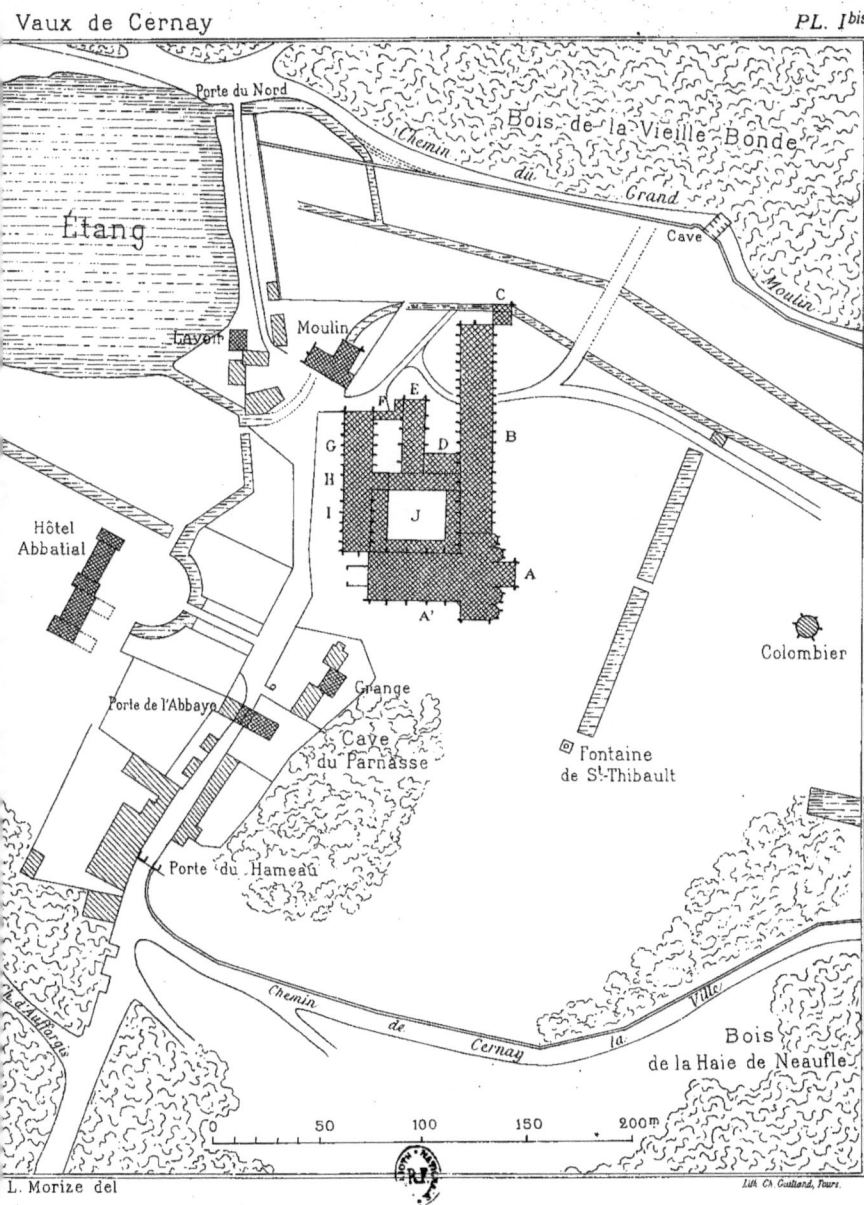

Plan d'ensemble

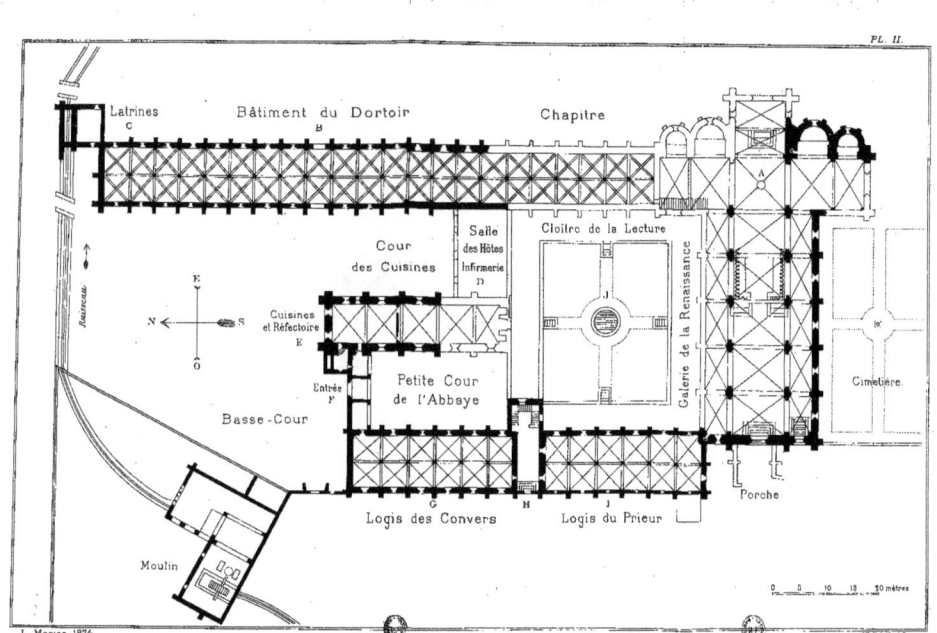

Abbaye des Vaux de Cernay, côté du levant en 1874

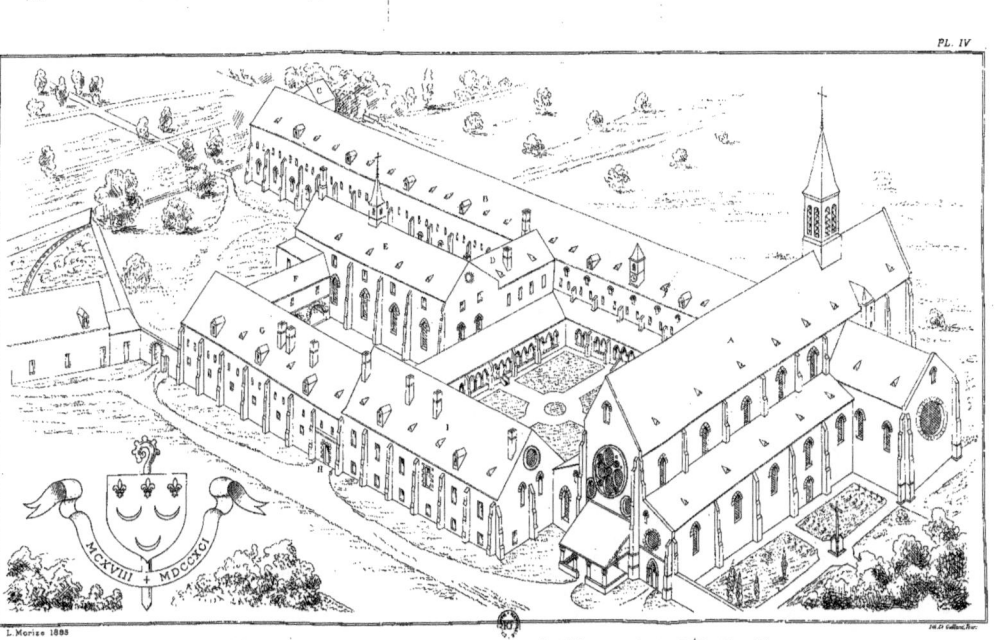

Abbaye de N.-D. des Vaux de Cernay de l'ordre de Citeaux et de l'Étroite Observance

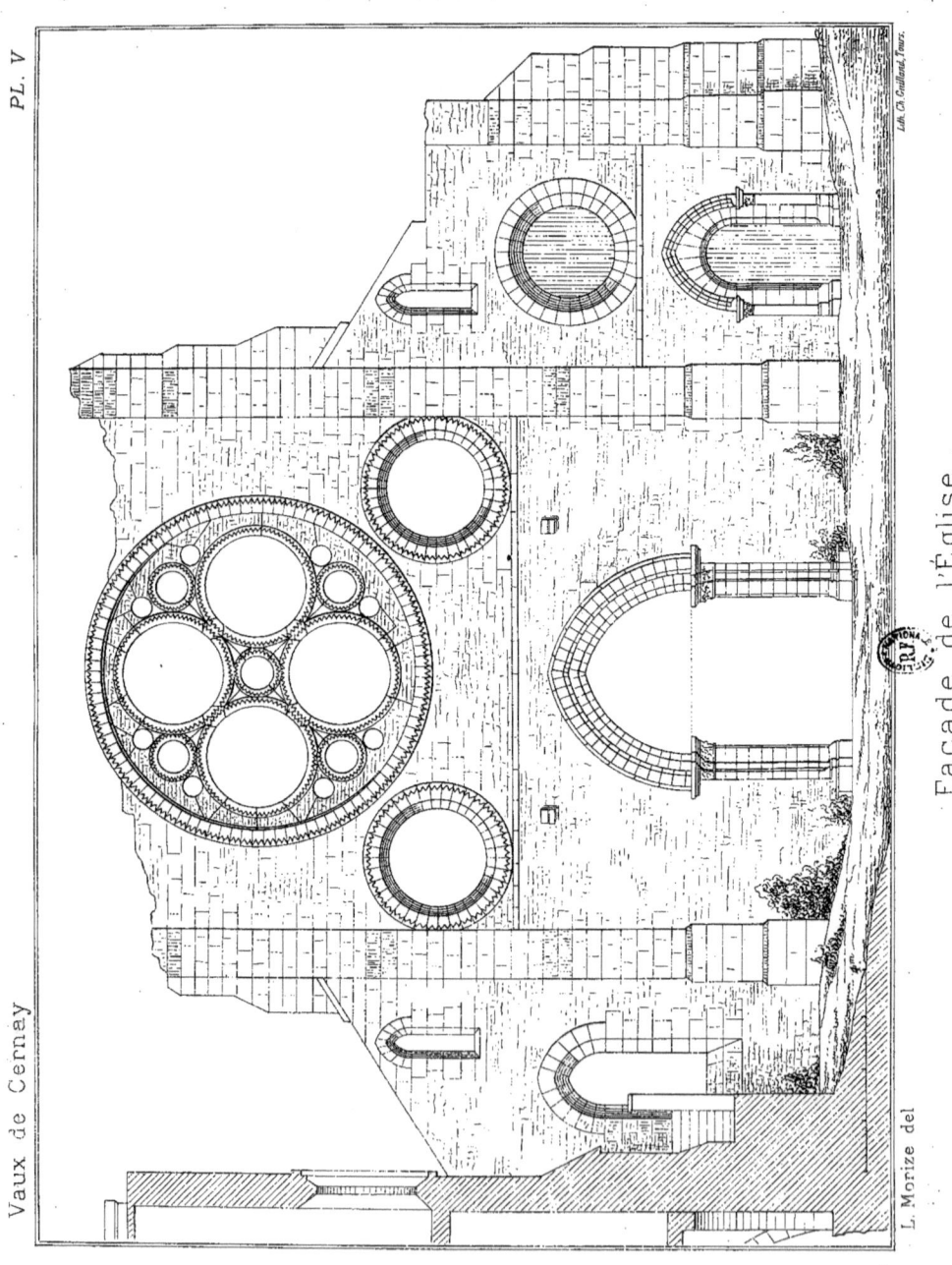

Vaux de Cernay

Façade de l'Église

Vaux de Cernay PL. V^{bis}

L. Morize 1854

Église vue intérieure

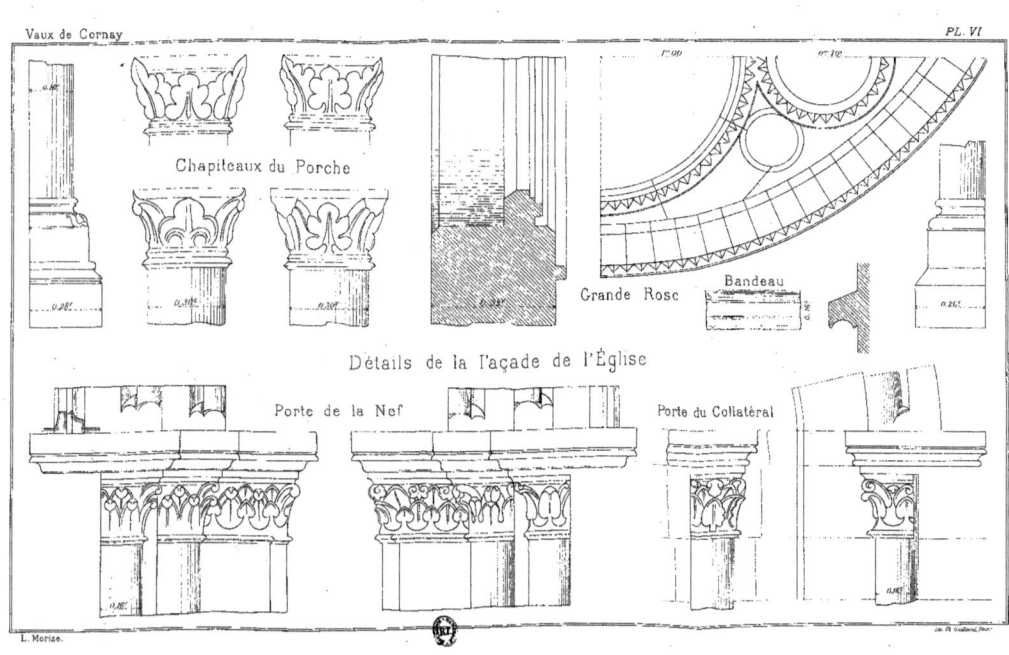

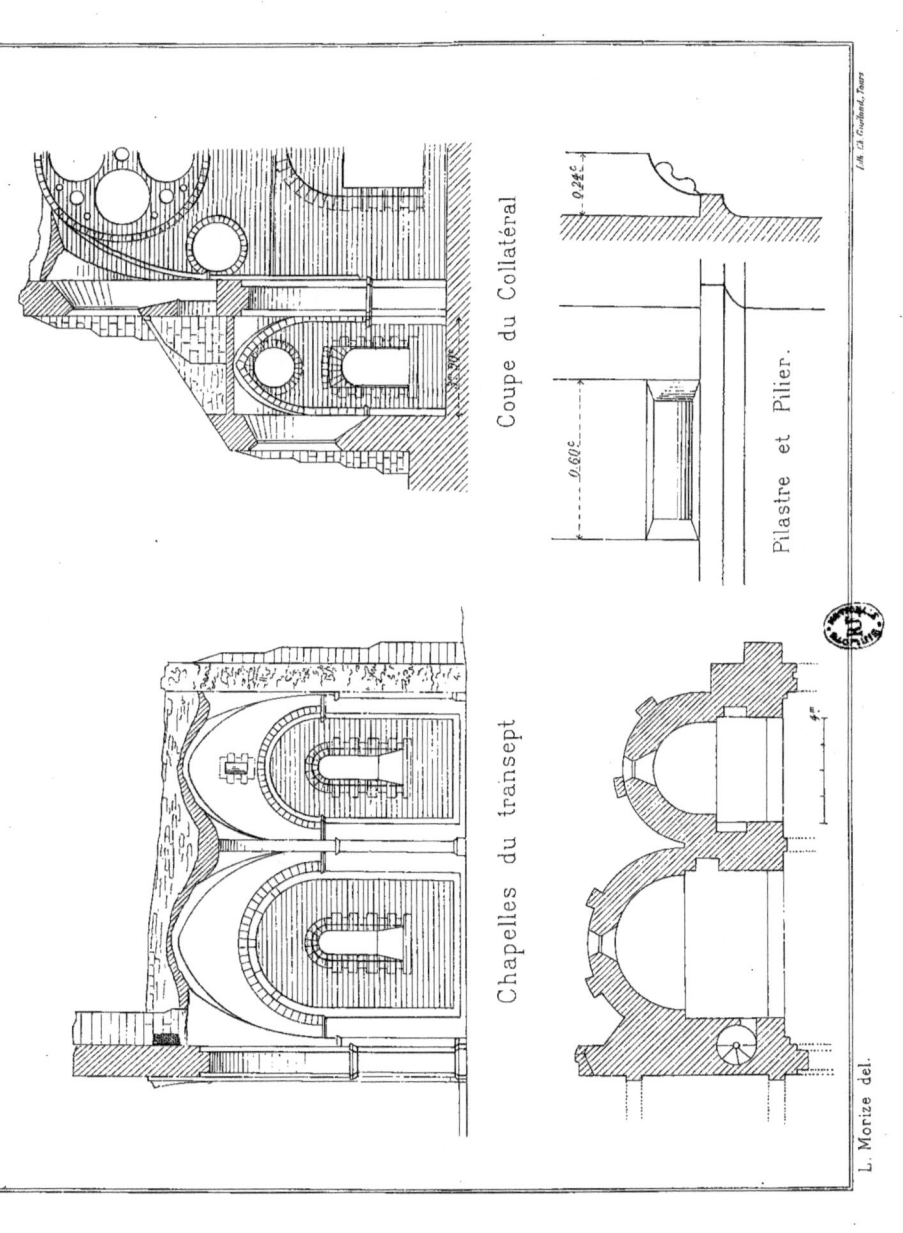

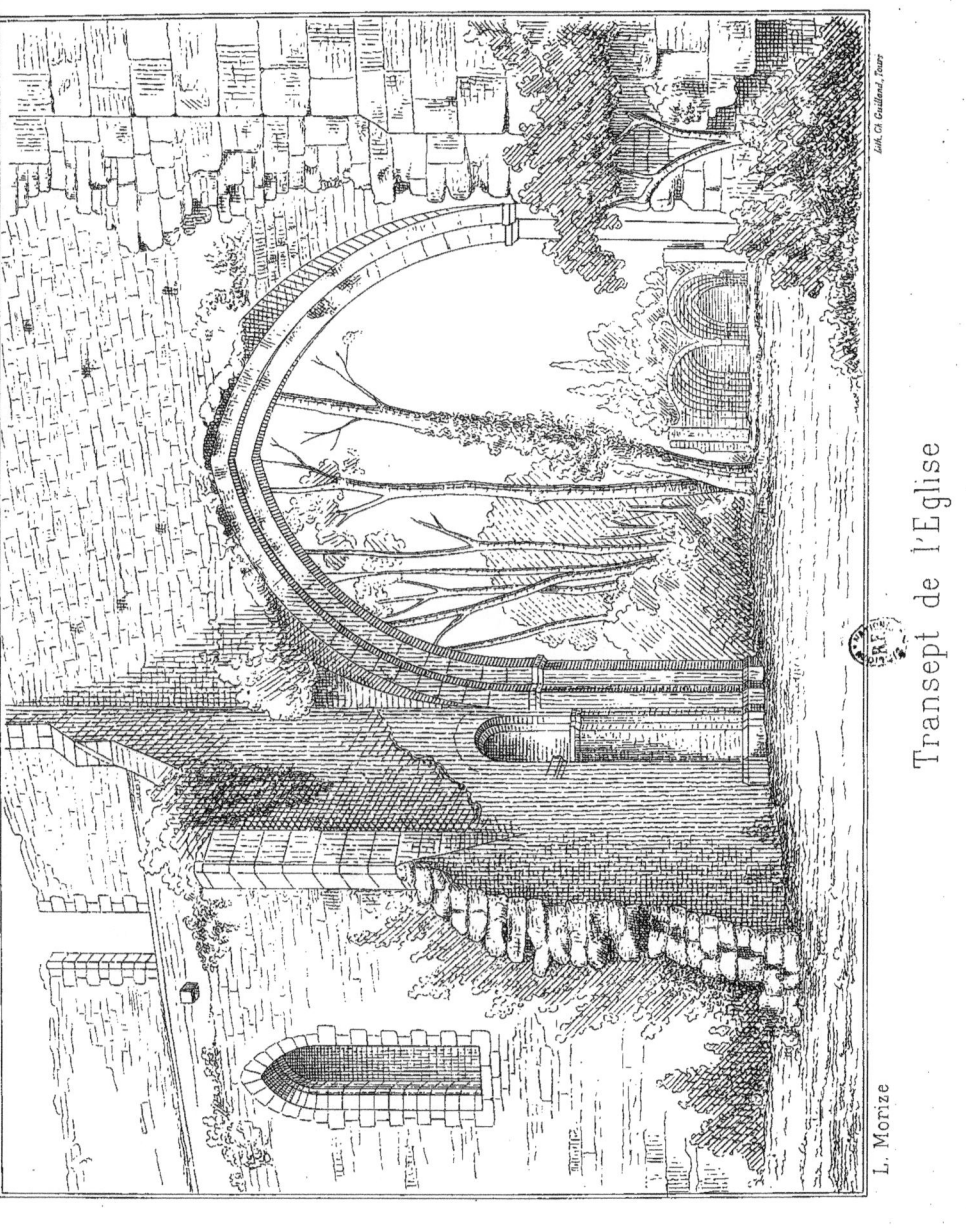

Transept de l'Eglise

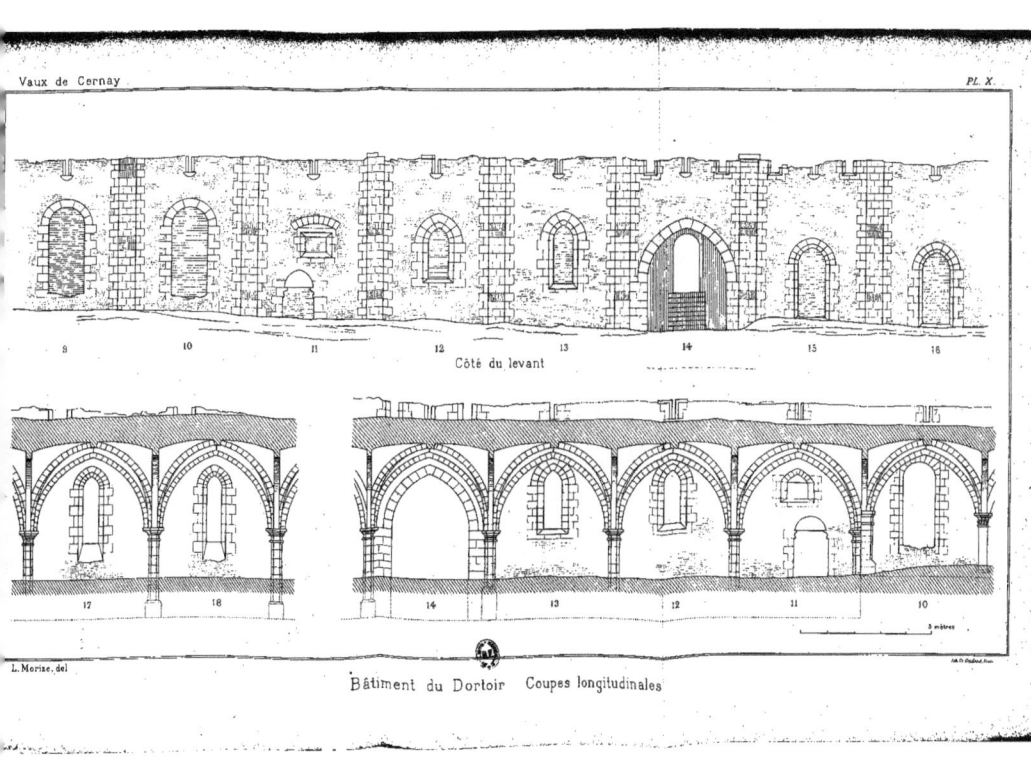

Bâtiment du Dortoir — Coupes longitudinales

Vaux de Cernay PL. XI

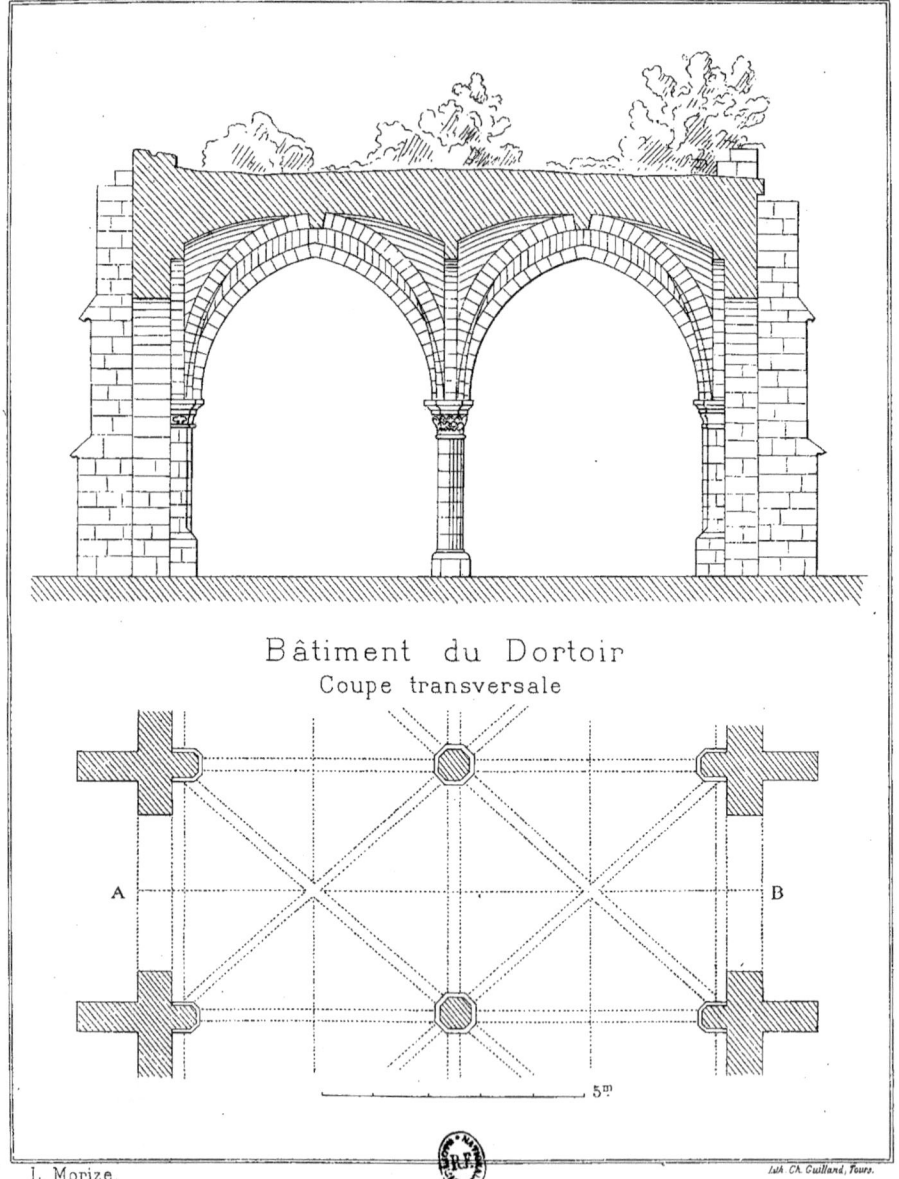

Bâtiment du Dortoir
Coupe transversale

L. Morize.

Vaux de Cernay PL. XII

Bâtiment du Dortoir — Colonnes

Vaux de Cernay   PL. XIII

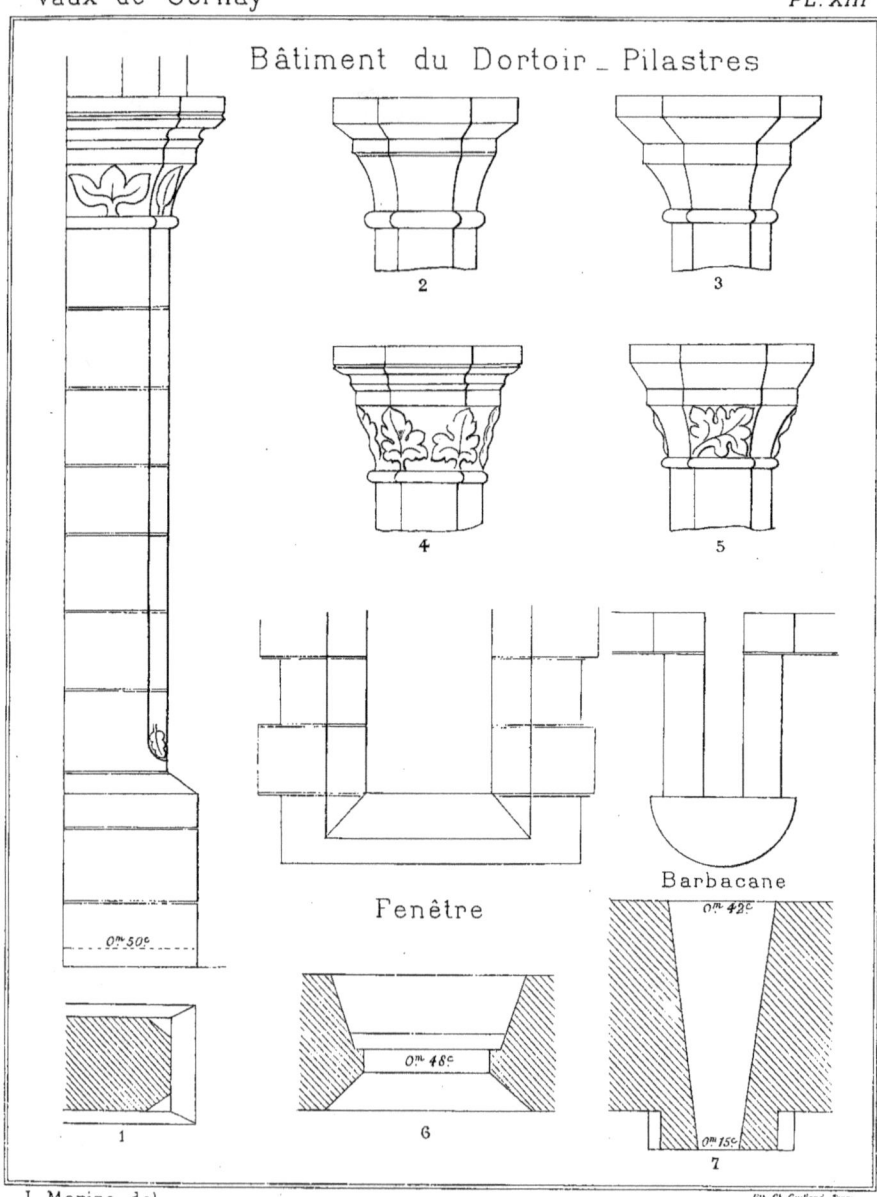

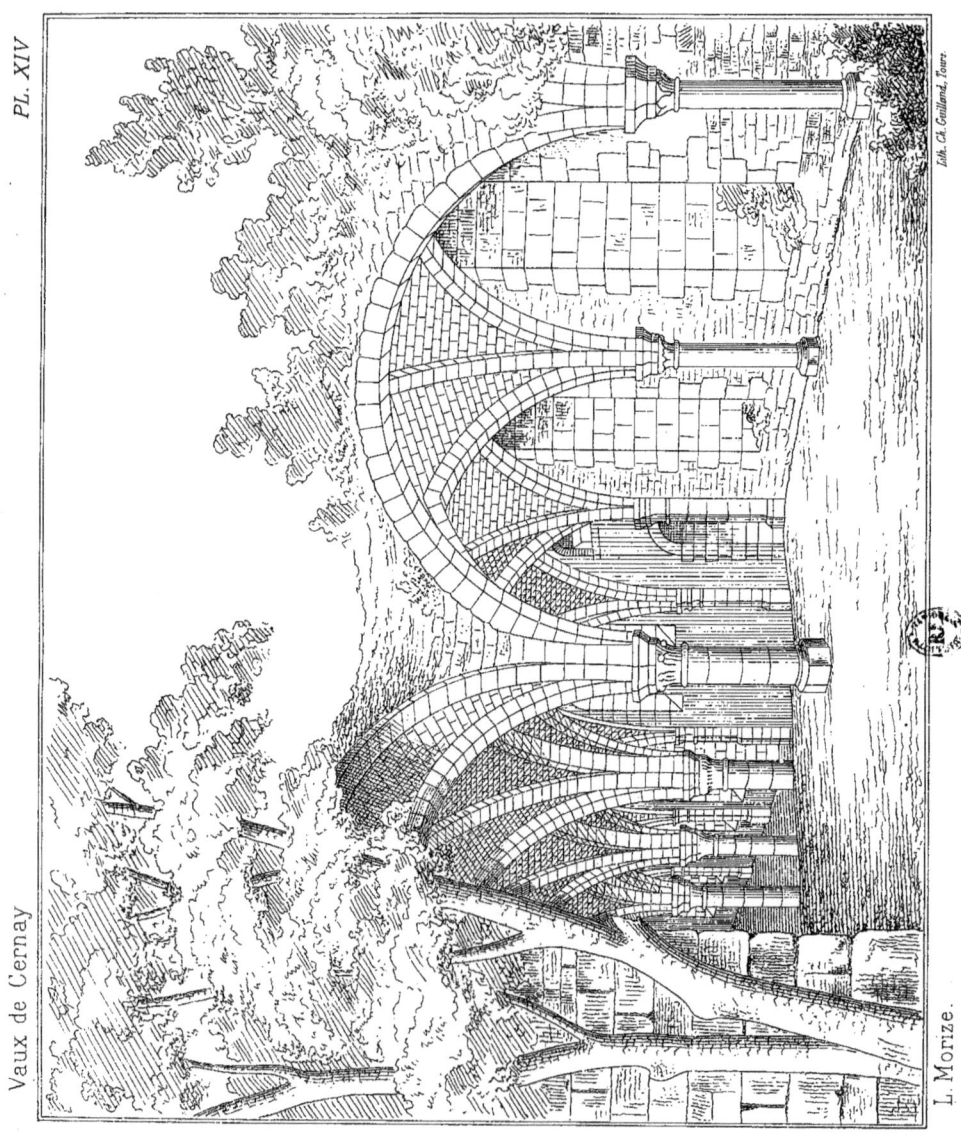

Vaux de Cernay

Bâtiment du Dortoir, Salles basses

Vaux de Cernay PL. XV

Réfectoire

Porte et Arcature.

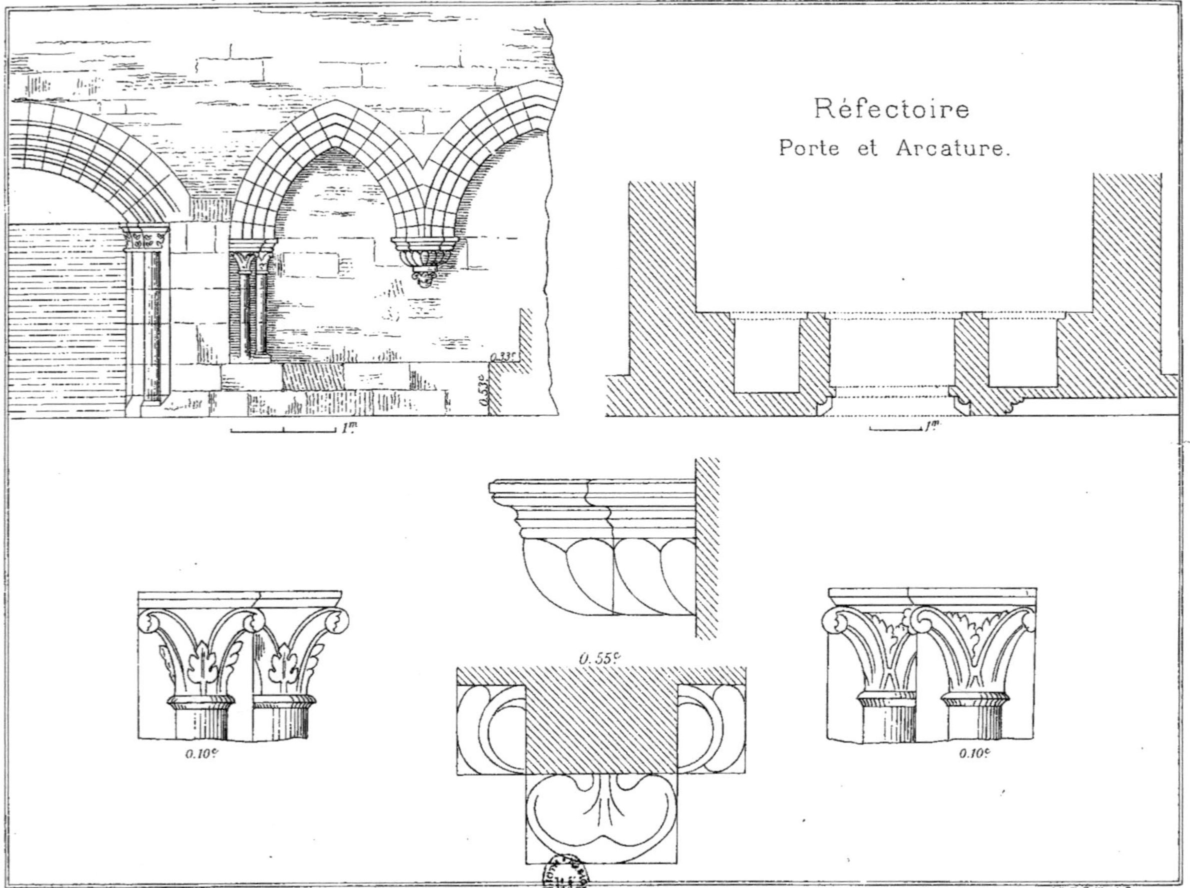

L. Morize. Lith. Ch. Guilland, Tours.

Vaux de Cernay PL. XVI

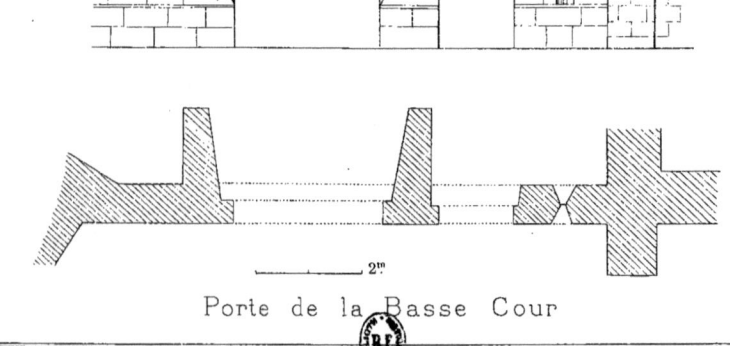

Pignon des Cuisines   Porte et Galerie

Porte de la Basse Cour

L. Morize, del.

PL. XVII

Vaux de Cernay

Logis des Frères Convers — Côté du levant

Coupe longitudinale

L. Morize, del

Vaux de Cernay   PL. XVIII

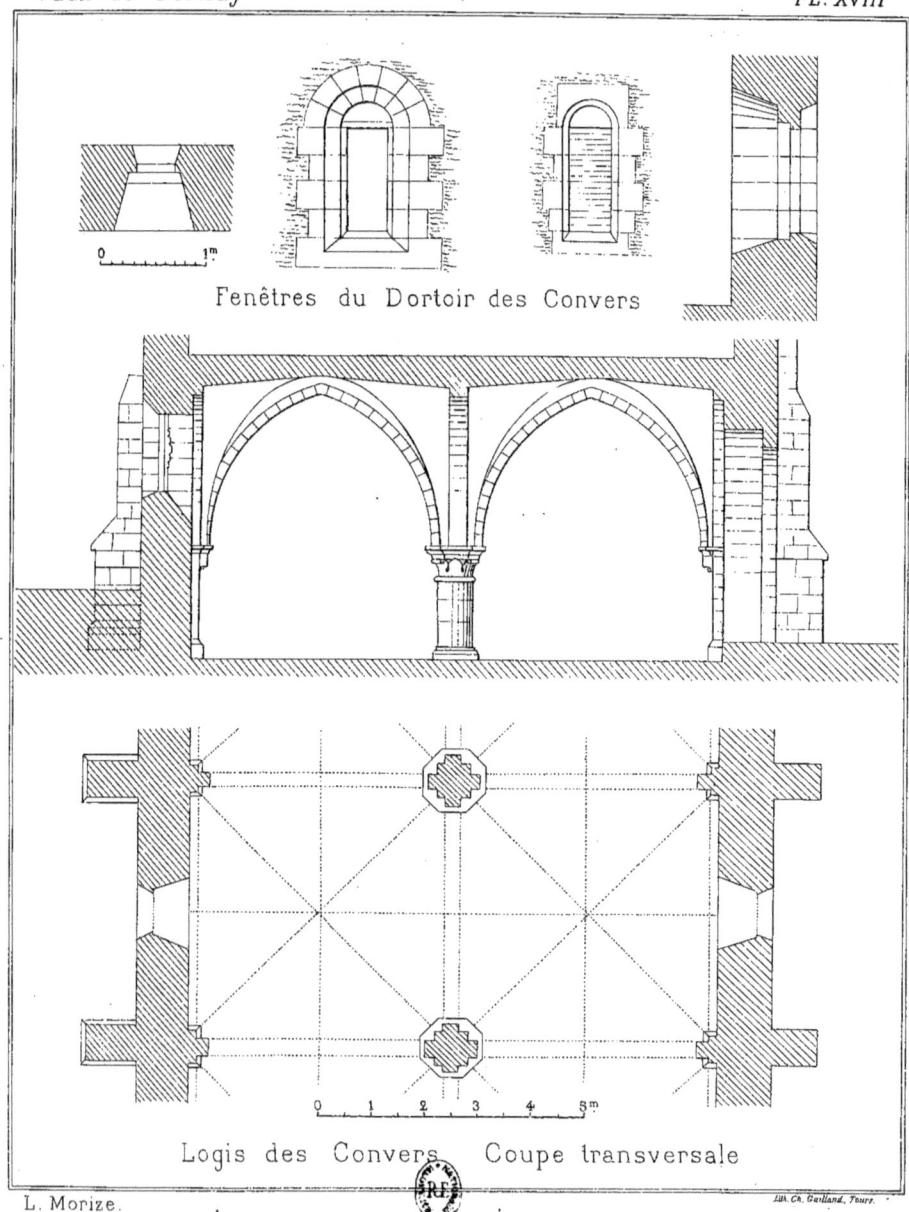

Fenêtres du Dortoir des Convers

Logis des Convers.   Coupe transversale

L. Morize.

Vaux de Cernay

PL. XIX

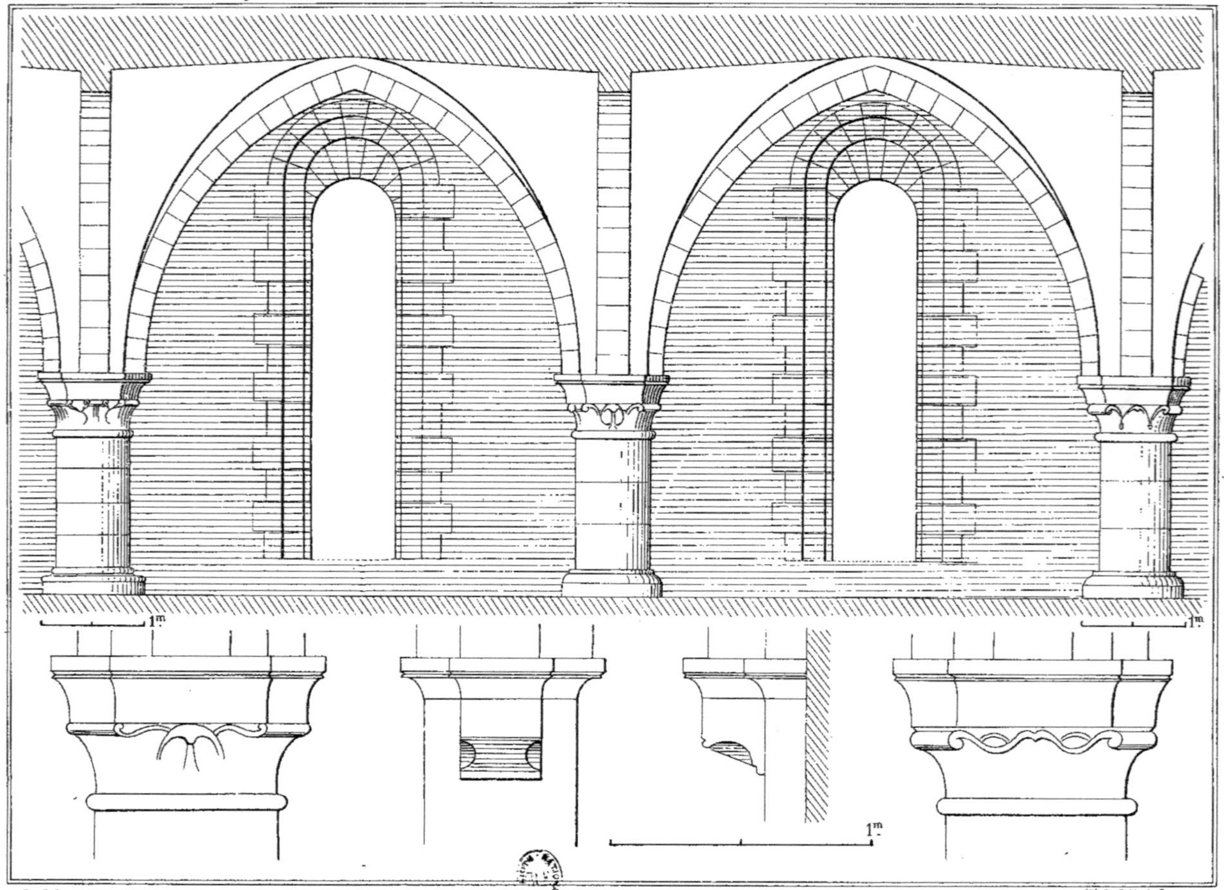

L. Morize

Lith. Ch. Guilland, Tours

Logis des Convers — Coupe et Détails

Vaux de Cernay

Salle audessous du Dortoir des Convers

PL. XX

Vaux de Cernay PL. XXI

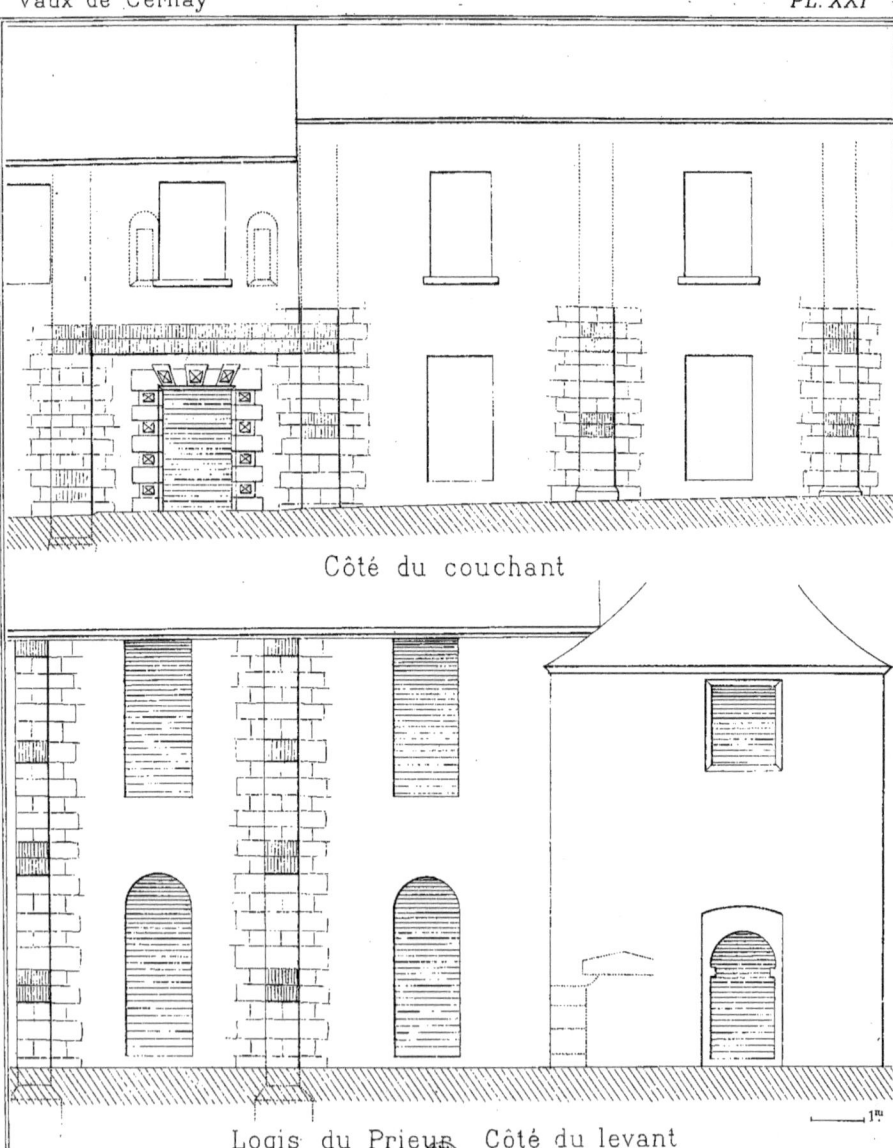

Côté du couchant

Logis du Prieur. Côté du levant

L. Morize

Vaux de Cernay — PL. XXII

L. Morize Lith. Ch. Guilland, Tours.

Salle sous le logis du Prieur

Vaux de Cernay PL. XXIII

Détails de l'Œil de Bœuf

L. Morize.

Logis du Prieur Coupe transversale.

Vaux de Cernay

PL. XXIV

Logis du Prieur, Colonnes

L. Morize

Vaux de Cernay   PL. XXV

L. Morize

Cloître, Bases et Chapiteaux du XII.ᵉ siècle

Vaux de Cernay PL. XXVI

L. Morize.

Chapiteaux de diverses époques

Frise de l'Entablement

F. Bourbon et L. Morize.

Vaux de Cernay — PL. XXX

F. Bourbon et L. Morize

Sommier d'Angle, Pilastre.

Vaux de Cernay   PL. XXXI

Pile Contrefort.

F. Bourbon et L. Morize.

Vaux de Cernay

PL XXXII

F. Bourbon et L. Morize

Caissons d'Intrados — Clefs — Consoles

Vaux de Cernay   PL. XXXIII

L. Morize

Base et Motif central d'une Croix

Vaux de Cernay — PL. XXXIV

Dalles ajourées _ Claire-voie

L. Morize.

Vaux de Cernay PL. XXXV

Saint Thibault de Marly 1247

L. Morize

Vaux de Cernay PL. XXXVI

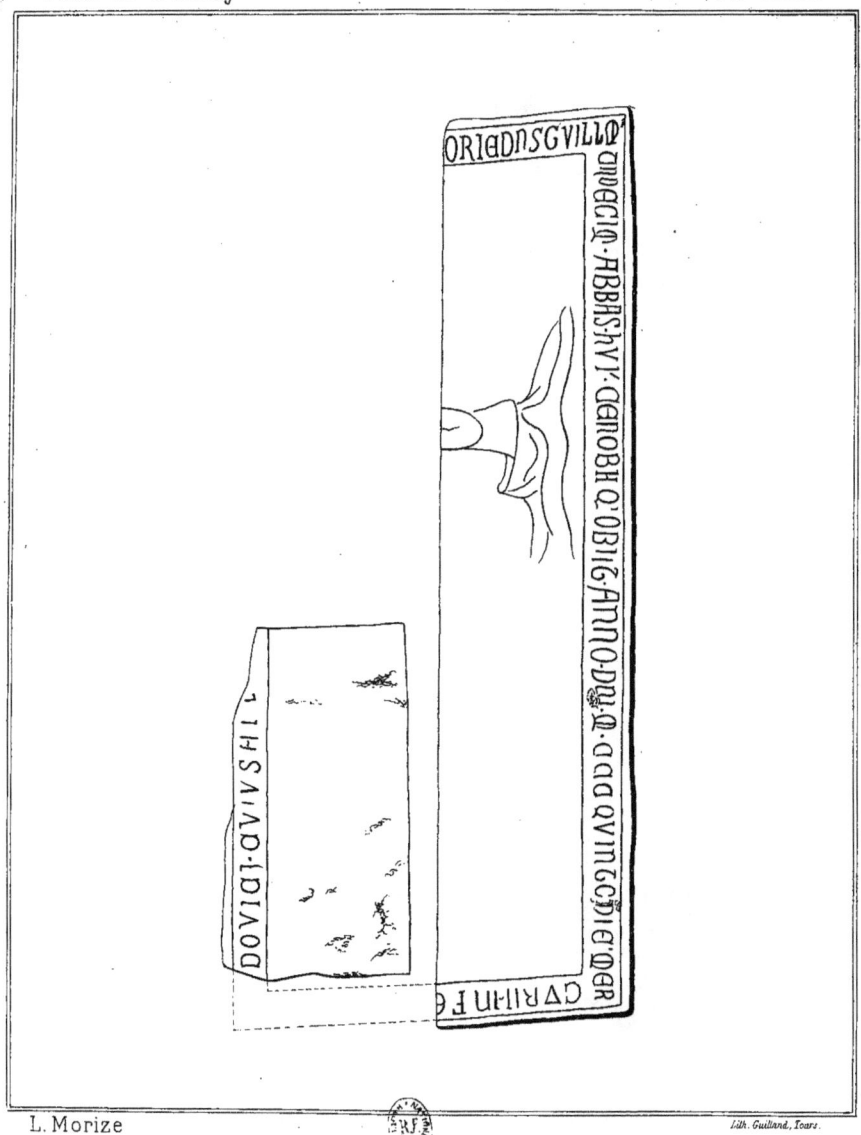

Guillaume quinzième Abbé des Vaux 1305

Vaux de Cernay   PL. XXXVII

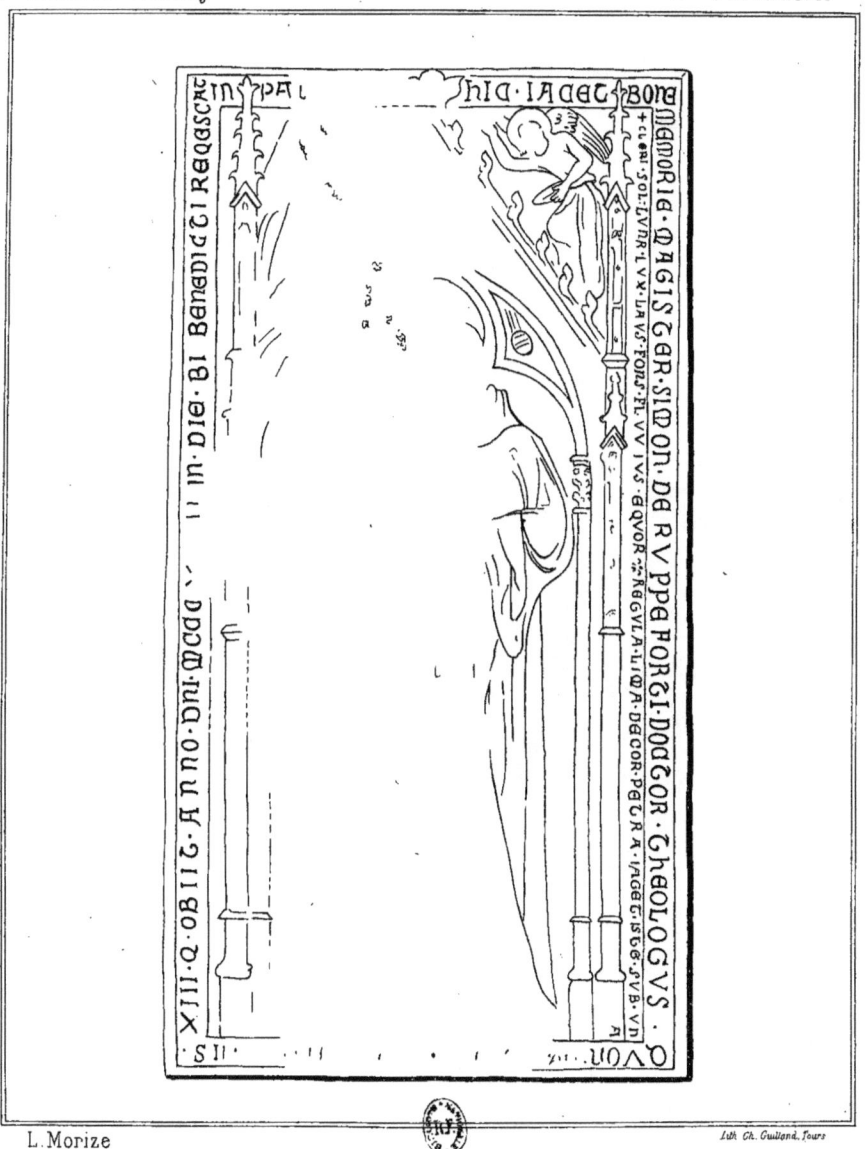

Simon de Rochefort dix-huitième Abbé des Vaux 1328

Vaux de Cernay — PL. XXXVIII

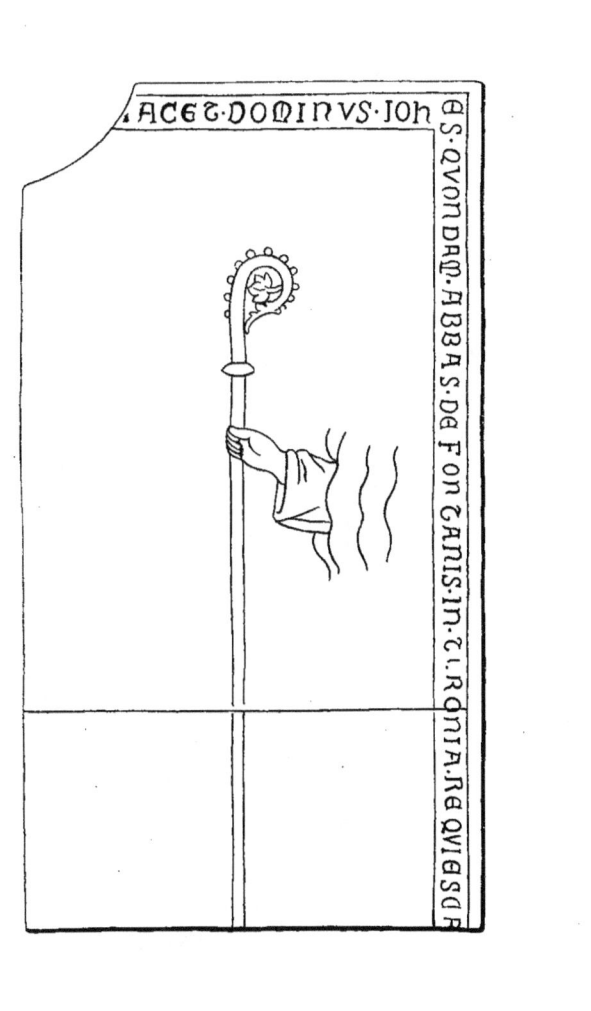

L.Morize

Jean vingtième Abbé des Vaux 1367

Vaux de Cernay   PL. XXXIX

L. Morize,   Jehan Levicomte de Corbeil 1333

Vaux de Cernay

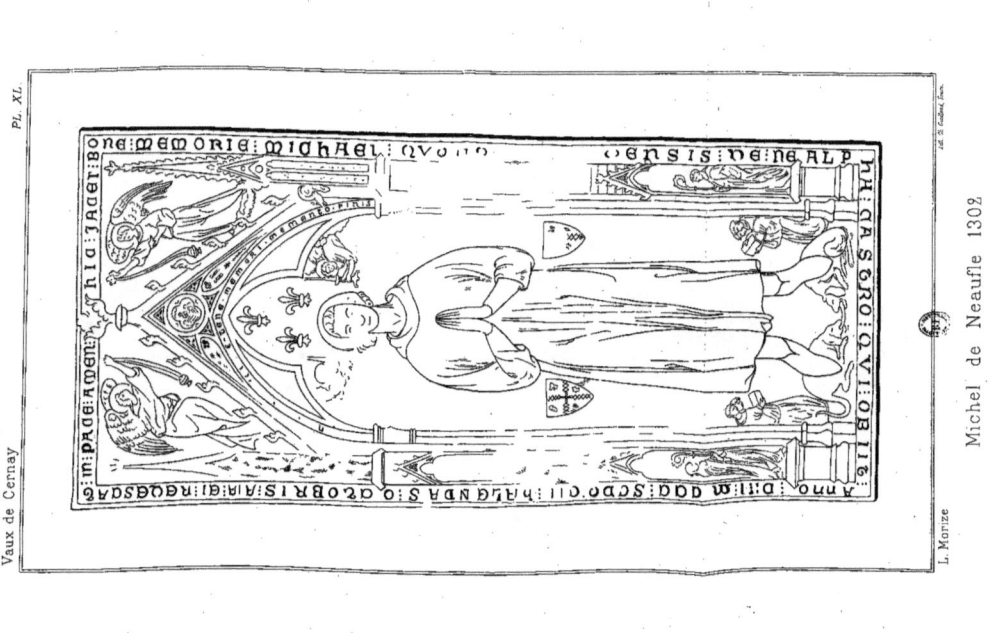

L. Morize   Michel de Neaufle 1302

Vaux de Cernay

Andry Lasne et Simone sa femme 1499

Vaux de Cernay   PL. XLII

L. Morize.   Lith. Ch. Guilland, Tours.

Carreaux vernissés

Vaux de Cernay

PL. XLIII

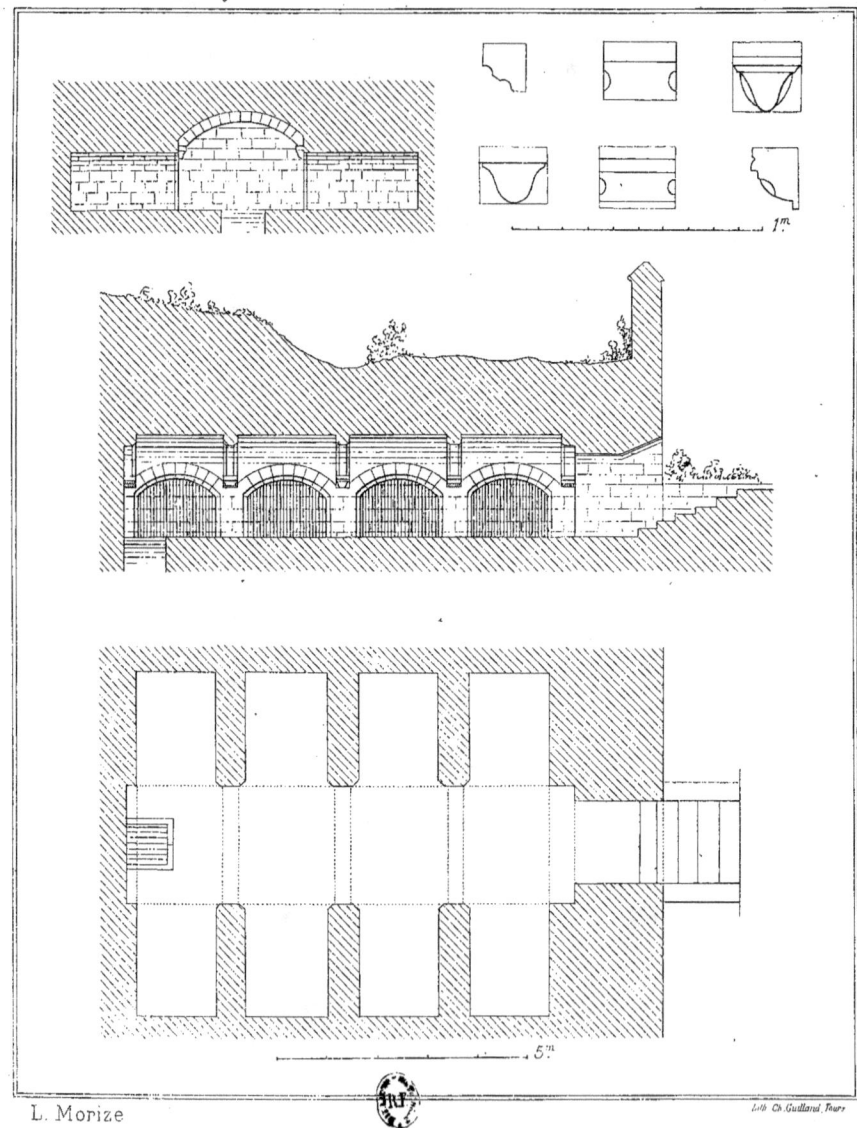

L. Morize

Cave et Fontaine du Jardin potager

Vaux de Cernay   PL. XLIV

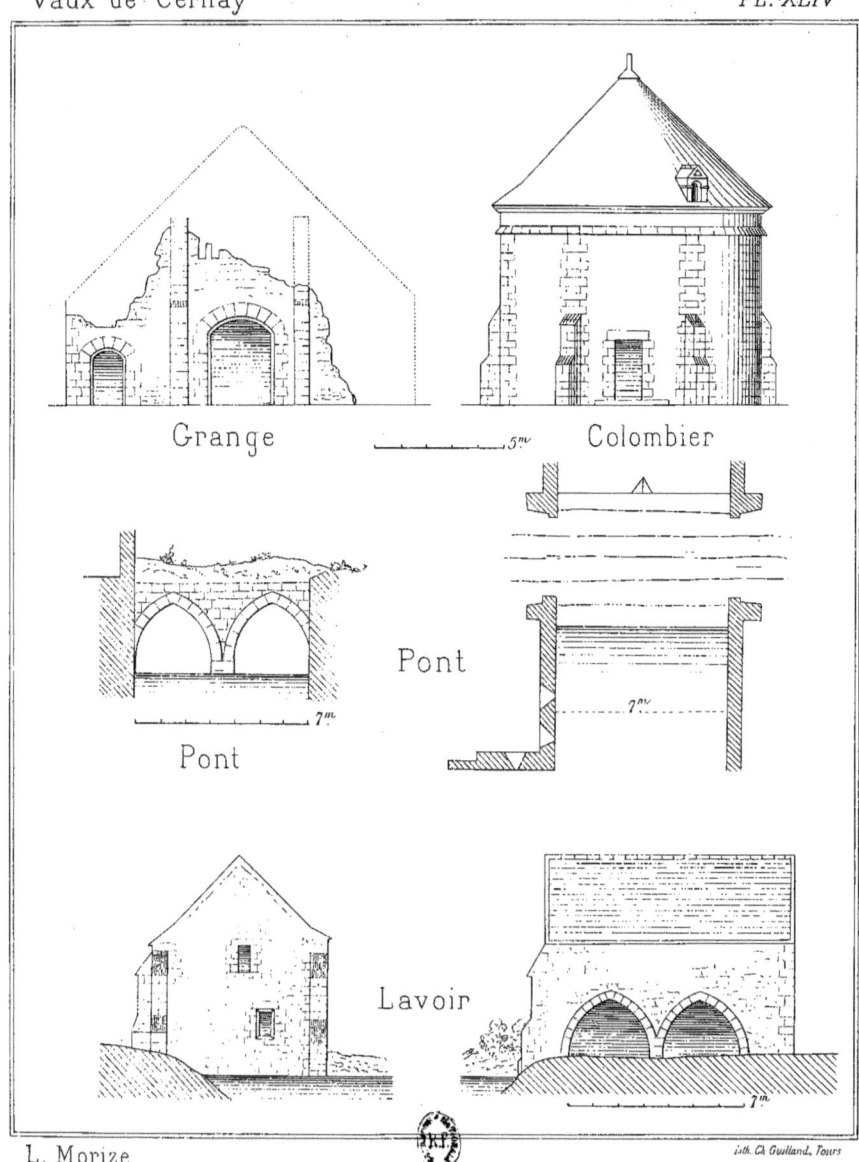

L. Morize

Vaux de Cernay. PL. XLV

L. Morize

Moulin et Tannerie

Vaux de Cernay   PL. XLVI

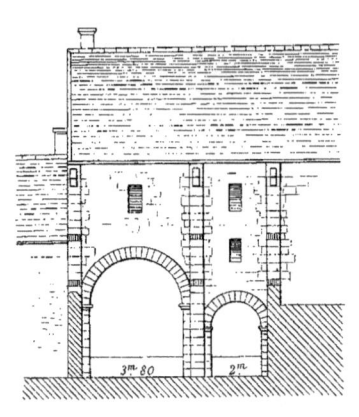
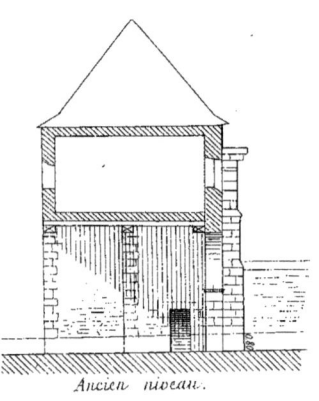

Portes de l'Abbaye ou de Notre-Dame

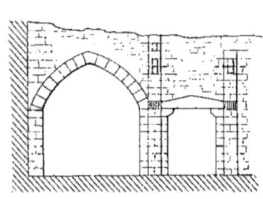
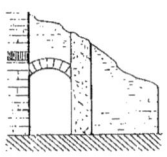

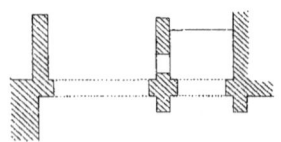
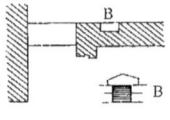

Portes du Hameau

L. Morize.   Lith Ch. Guillard, Tours.

Vaux de Cernay   PL. XLVII

Religieux de Citeaux

en habit ordinaire   en habit de chœur

Frères Convers

en habit de chœur   en habit ordinaire

L. Morize   Lith Ch. Guillard, Tours

Vaux de Cernay PL. XLVIII

Sanguin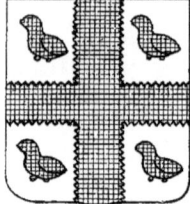

de Verneuil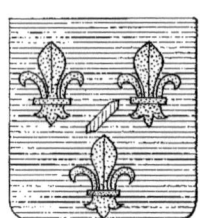

de Chalucet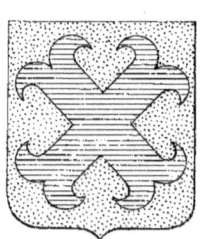

de Broglie

L. Morize Lith. Ch. Guilland, Tours.

www.ingramcontent.com/pod-product-compliance
Lightning Source LLC
Chambersburg PA
CBHW070637170426
43200CB00010B/2057